¿QUÉ ES EL CÁNCER?

D0884916

¿QUÉ ES EL CÁNCER?

LA ÚNICA MANERA DE COMBATIR UN MAL ES CONOCERLO

EDUARDO LÓPEZ-COLLAZO

OBERON

¿Qué es el cáncer?

Realización de cubierta: Celia Antón Santos
Ilustraciones: Eduardo Rodríguez Meliá
Revisión: Lidia Señarís
Maquetación: Monchi Álvarez Becerril
Responsable editorial: Eugenio Tuya Feijoó

Todas las denominaciones que aparecen en este libro son marcas registradas de sus respectivas compañías y organizaciones.

© EDICIONES ANAYA MULTIMEDIA (GRUPO ANAYA) 2019
Juan Ignacio Luca de Tena, 15, 28027, Madrid
Depósito legal: M-2734-2019
ISBN: 978-84-415-4087-3
Printed in Spain.

A una sonrisa, la tuya.

Agradecimientos

Agradecer es un acto que nos humaniza, es reconocer cuán arropados hemos estado en el camino. Este libro ha tenido muchos compañeros de viaje: cientos de científicos y sus aportaciones, decenas de colaboradores dispersos en el espacio y el tiempo, varios amigos apoyando por aquí y desde allá, conocidos que compartieron sus historias. Personas como Migue, el que ya no está, y el otro Migue que se hizo presente revisando el manuscrito. Lídice, cuyo nombre, raro, ha puesto música a mi vida. Paloma, siempre creyendo en mí. Mis chic@s del laboratorio, los de antes y los de ahora. Agradezco a Luiso y JJ por buscar erratas en el texto entre experimentos y cálculos. También a Eugenio, mi editor, quien vía Twitter me invitó a formar parte de su familia editorial. Para el final, a mi suegra por convertir este libro en un best-seller cuando aún se cocinaba… y por supuesto, a Ismael, la persona con la que formé una pareja que hoy, además, es un equipo.

Índice

Prólogo: Una nueva esperanza

> "...entonces ya nadie querrá comparar
> lo abominable con el cáncer".
>
> —Susan Sontag,
> *La enfermedad y sus metáforas.*

Vertiginosamente ensimismados en nuestra vida cotidiana, preocupados por lo trivial y tan ajenos a lo que verdaderamente importa, no es habitual conversar con un físico nuclear que además investiga sobre el cáncer en el Instituto de Investigaciones Sanitarias del Hospital La Paz de Madrid. En medio de la vorágine de la historia, sumidos en esta obra maestra de la confusión que es nuestro mundo, ¿qué posibilidades encontramos de sentarnos a escuchar a alguien profundamente informado sobre un tema que tanto nos preocupa y afecta, alguien que, para colmo, tiene el don (casi desaparecido) de la conversación?

Este libro provoca a mi modo de ver tres importantes luminosidades: por un lado, es un excelente manual de información científica, al tanto de las novedades sobre el tema, resultado de una investigación de primera mano; por otro, es un libro maravillosamente bien escrito, *divertido* en el amplio sentido que otorgaba Bertolt Brecht a esta palabra; y por último (o quizá en primer lugar), es un libro cargado del mejor optimismo, aquel que viene acreditado por la razón, el conocimiento y una inquebrantable actitud vital.

Sería justo además recalcar algo que quizá parezca evidente, aunque a ratos pueda olvidarse: al mismo tiempo que inevitables facultades de escritor, se precisa un extraordinario conocimiento del tema abordado para exponerlo con el desenfado y el tono coloquial con que está *narrado* este libro. Eduardo López-Collazo, el autor de este manual, es un hombre que ha vivido varias vidas y de todas ha sabido sacar provecho. Es cubano con todo el peligro y la alegría que esto implica. Es, asimismo, español. Ha sido España la que le ha ofrecido la posibilidad de vivir libre y concentradamente su sueño de científico (como a otros, esa generosa España nos ha permitido vivir con verdadera independencia nuestra profunda cubanidad y, para decirlo categóricamente, nos ha salvado la vida). Pero sobre todo, López-Collazo es un hombre (inmunólogo al fin) con suficiente sabiduría sobre las «defensas humanas». Sabe de obstáculos y de cómo sortearlos. Sabe por supuesto en qué consiste una *idea fija*. Sus propias defensas, su certidumbre, su manera satisfecha y reflexiva de ir por la vida, actúan sobre nuestras defensas. No es un científico al uso. Como buena parte de los cubanos de su generación, es un hombre culto. Me adelanto a los señores (y señoras) de la *izquierda caviar*, aquellos que defienden la revolución cubana desde los gozosos salones de sus palacios distantes: no se trata únicamente de las «bondades de la educación cubana», sino de algo mucho más complicado y profundo, la cerrazón histórica que provocaba, tanto en mi generación como en la suya, la desenfrenada necesidad de saber, la perturbadora obsesión por imaginar, abrir ventanas a otras voces y otros ámbitos, conscientes de que la verdadera vida ha estado siempre en otra parte.

En alguna entrevista, López-Collazo ha dicho con ironía que, como no se hizo filósofo o escritor, terminó desquitándose con la carrera de científico. Resultado de ese admirable conflicto: el libro al que ahora accedemos. El curioso lector tendrá oportunidad de comprobar que en estas páginas se nos permite entender una cuestión seria y compleja como quien se sienta a conversar con un amigo en la terraza atardecida de un café de Madrid, donde el camarero (de cualquier rincón del mundo) nos sirve una helada cerveza, para que luego, como corresponde, regresemos a la realidad con la convicción de una nueva esperanza.

—Abilio Estévez,
Palma de Mallorca, 2019.

Prefacio

En estas páginas he vertido muchos conceptos, datos, hipótesis y teorías que, a lo largo de más de dos décadas, he ido aprendiendo, discutiendo, planteando, comprobando. Es una especie de conversación relajada con quienes decidan leerme. Un texto para bebérselo en el sofá, en el metro, mientras aguardamos nuestro turno en una cola. Nunca una tesis doctoral —esa ya la hice—, ni un trabajo final para un máster —de esos no tengo—. Por ello digo de antemano que, salvo en momentos puntuales, no encontraréis las citas originales, ni el trabajo preciso de dónde salió una u otra conjetura. Este libro no es un documento científico para consultas de expertos o buscadores de pajas en el ojo ajeno. En cambio, son palabras de un científico que quiere hacer entender un fenómeno que rompe vidas. Por estas líneas, además de ciencia y científicos, desfilan algunos personajes, todos medio reales, algunos medio ficticios. Pocos nombres son los verdaderos, pero sus historias están plenas de realidad y las agradezco. Finalmente, doy las gracias a todos los autores de los cientos de artículos científicos que he leído y estudiado, a todos los escritores que han acompañado mis viajes, noches y mañanas, a todos los foros de discusión científicos y divulgativos, a los estadísticos que han resumido los datos que hoy manejo, a las personas de las que he aprendido algo y cuyo conocimiento, conclusiones y opiniones se ven reflejados en este libro, aunque no citados.

—Eduardo López-Collazo,
Madrid, 2019.

¿QUÉ ES EL CÁNCER?

«*No hay que temer a nada en la vida,
sólo tratar de comprender*».

— Marie Curie, científica polaca-francesa.

Cuando decidí escribir este libro vislumbré que sería una tarea difícil. ¿Cuánto más se puede decir sobre un asunto del cual se han escrito miles de tratados? Quizá el mayor reto radicaba en convertir ese algo que evitamos mencionar y en ocasiones preferimos hasta ignorar, en tema de un libro accesible al mayor número de personas posible. Es un comportamiento muy humano mirar hacia otro lado para evitar la verdad que tenemos enfrente y, con este gesto, intentar suprimir la evidencia que acecha. Sin embargo, ahora mis palabras están en tus manos. Lograste abrir estas páginas y empezar a leerlas. El primer paso para dominar y finalmente reducir a un enemigo es conocerlo. Empecemos juntos este pequeño viaje por la vida privada de eso que intenta arrebatarnos nuestra existencia.

En realidad, el cáncer no es una única enfermedad, sino un conjunto de enfermedades que se parecen poco entre sí. Cuando surge en el pulmón es diferente a cuando ocurre en el hígado y a su vez nada parecido a lo que se detecta en el riñón. Entonces, ¿por qué lo llamamos igual? La verdad es que no lo hacemos, siempre le ponemos un apellido: cáncer de piel, cáncer de pulmón, cáncer de cerebro, y así vamos distinguiéndolos unos de otros. Pero el nombre se mantiene por una razón: ocurre un proceso similar en todos los casos. Los órganos que nos hacen vivir, como el corazón, el hígado, los riñones, etcétera, están formados por algo que llamamos células. Estas últimas son los elementos vivos más pequeños conocidos hasta el momento, y su funcionamiento resulta esencial para la vida. Cuando decimos que un paciente tiene cáncer de cerebro aludimos a un aumento incontrolado de la cantidad de células que conforman ese órgano. Denominamos tumor, justamente, al proceso de incremento desmedido de las células. Quizá sea el momento de especificar que todo cáncer es un tumor, pero no al revés. Cuando son benignos, los tumores no causan problemas mayores, pero cuando desarrollan la capacidad de invadir se denominan malignos y se asocian a la enfermedad de la cual estamos hablando, el cáncer.

El problema está en que no solamente aumenta el número de células durante esta enfermedad, hay algo más preocupante: las nuevas células van perdiendo sus funciones originales. En el páncreas dejan de producir la insulina; en el cerebro abandonan su actividad de control sobre los demás órganos del cuerpo; en el estómago renuncian a generar las enzimas que realizan la digestión. De este modo, el órgano va dejando a un lado sus funciones poco a poco y la vida del paciente peligra. Podríamos hacer un símil con una empresa que tiene varios departamentos: Contabilidad, Ventas, Compras, etcétera. Si de pronto uno ellos, por ejemplo, Ventas, empieza a crecer sin control y sus integrantes dejan de realizar sus labores específicas asignadas, al principio las ventas se verán afectadas, pero al final toda la empresa quebraría. Sustituye la empresa por una persona; sus departamentos, por los órganos y el cáncer sería ese efecto de crecimiento desmedido en uno de los departamentos.

Esto es el cáncer, una especie de violación de las reglas que la naturaleza impone a las células. Se trata de un fenómeno frecuente, contra el cual existen una serie de cortafuegos naturales. Sí, la naturaleza ha generado una gran cantidad de procesos de control para buscar y detectar la presencia de células descarriladas. Cuando funcionan como es debido, los inicios de un tumor son eliminados y se genera una especie de memoria de lo ocurrido para que en el futuro no vuelva suceder. Pero a veces, debido a un cúmulo de factores no del todo conocidos, los controles fallan.

Justamente eso estaba ocurriendo en algún lugar de los cuerpos de mis amigos Jacinta y Miguel cuando quedaron a tomar un café. Ella acababa de terminar periodismo y él conocía a varias personas en el gremio, aunque lo suyo eran las reformas. Jacinta siempre fue de tez blanca, quizá por ello nadie notó algo más de transparencia en su piel. En cambio, Miguel, moreno, moreno, solo sabía que le dolía la cabeza casi todos los días. Demasiado trabajo y pocos resultados era la justificación. Mientras tomaban café, en la médula ósea de Jacinta se entreveía un descontrol, algunas células empezaban a multiplicarse con rapidez y en el cerebro de Miguel ocurría lo mismo. ¿Sabías que en la médula ósea se producen todas las células de la sangre y que el cerebro es el rector de todo nuestro cuerpo? Ella se sentía agotada luego de una caminata, algo incompresible en una persona adaptada al ejercicio físico constante, pero ya sabemos que los exámenes finales de la universidad hacen estragos y esto servía de explicación. Él tenía que bajar la cabeza varias veces al día, pensó que necesitaba gafas nuevas, no se había graduado la vista desde hacía años y estar pegado a una pantalla durante horas pasa factura. Por lo general, quedaban los sábados para jugar al tenis, pero el calor sirvió de excusa para interrumpir una tradición de años. En estos amigos algo empezaba a crecer. Pero a veces el proceso es largo y silencioso, todo parece depender del sitio donde se origina y, probablemente, del estado general de salud de la persona.

¿CUÁNDO APARECE?

«Mil enfermos requieren mil curas».

—Ovidio, poeta romano.

La aparición de los diferentes tipos de cáncer obedece siempre a un fallo de nuestras defensas. Mas vayamos por partes. En el capítulo anterior te comentaba que por mucho que el número de células quiera aumentar descontroladamente, la naturaleza ha creado «inspecciones» para que esto no ocurra. Cuando la propia célula descontrola su crecimiento y comienza a dividirse se activa una orden de suicidio. Parece algo increíble, pero es real; a aquellas células que se saltan la norma se les obliga a morir en un proceso con un nombre curioso: apoptosis. La palabra viene del griego antiguo, y quiere decir «caída de las hojas de los árboles», en la actualidad la utilizamos para nombrar a una muerte programada que emula a un suicidio, pero celular. Hasta este momento todo funciona perfectamente, la célula indisciplinada se suicida. Sin embargo, en ocasiones la regla se salta y la apoptosis no ocurre, el crecimiento deja de estar controlado y empiezan los problemas. No obstante, aún existe una solución y se llama «defensa».

Probablemente sepas que todo nuestro cuerpo está constantemente vigilado por una especie de «antidisturbios» celulares que llamamos defensas o, de un modo más científico, sistema inmunológico. Estos antidisturbios, que también son células, se encargan de eliminar —podríamos decir exterminar—, todo ente raro que aparezca en nuestro

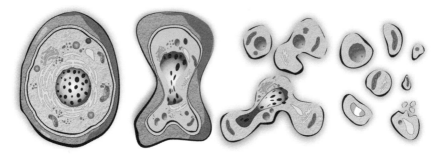

Figura 1. Muerte celular (apoptosis).

organismo fruto de un crecimiento incontrolado. Es en este momento cuando la mayoría de los procesos tumorales que se desencadenan en un organismo vivo quedan en anécdotas. Desafortunadamente, en algunas ocasiones las defensas no están del todo preparadas para afrontar la tarea de eliminación descrita y en esta especie de lucha, gana el tumor y puede aparecer el cáncer.

Cuando un tumor comienza a crecer, los antidisturbios locales, es decir, las células del sistema inmunológico cercanas, intentan eliminarlo. Para ello emplean una batería de sustancias tóxicas que, cual armas de destrucción masiva, matan con poco poder discriminatorio. En este proceso también se generan otros compuestos químicos que sirven de señales a las defensas ubicadas en la circulación sanguínea. Si hacemos un símil con algo más conocido, se genera un camino marcado con «migas» que indican el sitio donde ha ocurrido el desastre. De esta manera, desde el torrente circulatorio, arterias y venas, otras células de la defensa viajan hacia el órgano donde está creciendo el tumor. Ellas han sido alertadas por las señales provenientes del sitio afectado. La llegada de refuerzos agudiza la lucha.

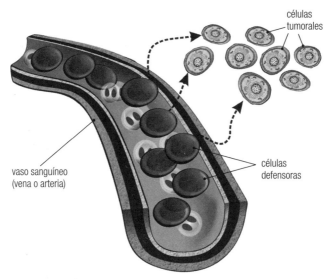

células
tumorales

vaso sanguíneo
(vena o arteria)

células
defensoras

Figura 2. Viaje de las células de defensa desde el torrente sanguíneo hasta el lugar donde están creciendo las células tumorales.

Al principio actúan las defensas poco específicas, aquellas que tratan de destruir sin distinción. Durante el proceso se va aprendiendo sobre el enemigo que hay que abatir, luego aparece un ejército algo más elegante provisto de una estrategia refinada que, ayudado por la información recabada en la primera oleada defensiva, establece una estrategia específica, más eficaz. Para familiarizarnos con los términos científicos, los antidisturbios de los primeros momentos se llaman neutrófilos, monocitos y *natural killer*s; mientras que la guardia especializada lleva por nombre linfocitos. Muchas son las veces que interpreto estos eventos como una especie de negociación entre los dos equipos con objetivos contrarios. Por un lado, las células tumorales intentan sobrevivir y, por el otro, las del sistema inmunológico luchan contra su expansión. Posiblemente no elegirías la palabra negociación para definir lo que, sin lugar a dudas, es una lucha de contrarios. Negociar significa ceder para lograr un objetivo superior. ¿Acaso algo de esa índole puede ocurrir en este proceso? Según lo que sabemos, hay bastante de negociación en esta fase. Pasados los primeros momentos de batalla campal, dos escenarios son posibles: el enemigo ha sido eliminado o la batalla ha de continuar. En el segundo, el tumor intenta reeducar a las células del sistema inmunológico para que dejen de ser sus enemigas y atraerlas a su bando. Mientras tanto, las defensas van generando estrategias, cada vez más depuradas, para frenar el progreso de la masa tumoral. Todo esto tiene consecuencias que te iré describiendo a lo largo de este libro.

¿CÓMO LO DETECTAMOS?

«En el campo de la investigación el azar no favorece más que a los espíritus preparados».

—Louis Pasteur, científico francés.

Mi amiga Jacinta siguió con su vida, o lo intentó. Las fatigas fueron creciendo con cada ola de calor que aparecía por Madrid. Todos estaban agotados a su alrededor, decían que era el verano más caliente de la historia y nada parecía contradecirlo. Salir a la calle durante las horas centrales de sol devino un acto de valentía. Buscar trabajo desde casa y con una conexión a internet era lo único que hacía durante el día. No echaba de menos jugar al tenis, ni correr por el Parque del Retiro. Al llegar la noche se encontraba aún más cansada, alguna vez intentó irritarse con su hermana por haber instalado aire acondicionado, ella llevaba su ecologismo a todas las facetas de la vida. Pero irritarse era algo que tampoco podía, le fallaban las energías. Una noche despertó con la cama anegada en sudor, su cuerpo ardía y no era por la temperatura ambiente. Tenía fiebre. A la mañana siguiente descubrió un moratón en su brazo derecho.

El hecho de que a nuestro alrededor amigos como Jacinta y Miguel, conocidos, familiares y compañeros de trabajo padezcan algún tipo de tumor, nos puede hacer creer que algo está ocurriendo y que la incidencia de cáncer ha aumentado. Sin embargo, todo indica que hoy no hay más cáncer que antes. Nos da la sensación de que escuchamos la palabra con más frecuencia, y esto es por tres excelentes razones: vivimos más, llevamos un control exhaustivo de su aparición y somos capaces de detectar el mal en un gran número de ocasiones. La inclusión de simples normas sanitarias como lavarse las manos, junto al uso de antibióticos y la disminución de conflictos bélicos elevó significativamente la esperanza de vida de los humanos. A partir de tales circunstancias, se empezaron a conocer mejor algunas enfermedades de la edad adulta. Por otra parte, el avance en los métodos diagnósticos ha posibilitado detectar la aparición de tumores en etapas más tempranas.

Muchas son las formas de descubrir la presencia del cáncer, sin embargo, la más común sigue siendo la aparición de síntomas. No existe un decálogo de indicios. Recuerda que, a pesar de tener un mismo nombre, cada tumor tiene un apellido y esto lo hace diferente en muchos sentidos, incluida su sintomatología. Jacinta tuvo fiebre, se sentía cansada y en su piel aparecieron algunos hematomas. En cambio, Miguel seguía con su tez playera pero le dolía la cabeza todos los días. En el caso de Jacinta bastó un análisis de su sangre para que saltara la sospecha, demasiadas células inmaduras, una superproducción que no llegaba a buen puerto ni dejaba lugar para las sanas. Miguel fue al médico de cabecera y este lo remitió a Neurología, un par de exámenes físicos y algo en la cara de la especialista auguró la mala noticia. Miguel no fue capaz de caminar recto con los ojos cerrados, luego una tomografía axial computarizada (TAC) confirmó la presencia de una masa tumoral en su cerebro.

En la historia de la medicina la forma de detectar tumores se ha ido refinando con la ayuda de otras disciplinas. Pero todo comienza por algunas señales, tan variadas como imprecisas. A veces se dan cambios en la piel, un lunar nuevo o el aumento de tamaño de uno existente, la presencia de una llaga que no sana. En las mujeres puede ser común la transformación evidente de un seno y su pezón, así como la variación de la textura de la piel que rodea a este último. Otros tumores provocan ronquera y una tos que no mejora. A veces, la sospecha viene por cambios en los hábitos del intestino, la dificultad al orinar, los problemas digestivos constantes y variaciones en el apetito. En ocasiones, la alarma salta con la ganancia de peso o el adelgazamiento sin lógica. La presencia de sangre en la orina y en las heces es característica de algunos cánceres, al igual que los sudores nocturnos y el cansancio sin explicación que sufría Jacinta aquel verano en Madrid. Sin embargo, estos síntomas son confusos y pueden no estar motivados por un tumor. Para estar seguro se recurre a pruebas más precisas. El análisis de los fluidos es un primer paso. La confirmación de ciertos componentes en la sangre, en las heces o en la orina indica anomalías causadas por un tumor. En el caso de las leucemias, el simple conteo del número de células en la sangre del paciente puede revelar la existencia de esta enfermedad. En otras patologías, la detección de algunas sustancias que no deben aparecer en fluidos son señales, en ocasiones certeras, de que una masa está creciendo en algún lugar.

De cualquier manera, únicamente la revolución en el campo de las imágenes ha permitido disponer de un conjunto de herramientas fiables para detectar el cáncer. Se comenzó tímidamente con el uso de los rayos X, llamados así por haber constituido una incógnita para su descubridor, el físico alemán Wilhelm Conrad Röntgen. La posibilidad de generar imágenes del interior del cuerpo con los rayos X abrió una ventana para examinar regiones inaccesibles y encontrar masas que podrían ser tumores. Un paso superior lo constituye la técnica que hizo saber a Miguel que en su cerebro crecía un tumor. La Tomografía Axial Computarizada o TAC se realiza con un equipo de rayos X conectado a un ordenador que toma una serie de imágenes detalladas de los órganos. La mayoría de las veces al paciente se le inyecta una especie de tinte llamado contraste que permite hacer visibles las zonas más internas del cuerpo. Cuando esto no es suficiente, se le inyecta también una cantidad ínfima e inocua de material radiactivo. Estas sustancias se acumulan temporalmente en algunos huesos y órganos, y los convierten en visibles para un escáner nuclear, un equipo que mide la emisión de radiactividad. Los exámenes que usan esta técnica se llaman gammagrafía y determinan, con gran exactitud, la localización y tamaño de ciertos tumores. De igual manera, la ecografía es útil para este propósito. En este caso, el ecógrafo emite ondas de sonido que no podemos escuchar, pero al rebotar en los órganos internos generan una especie de eco que se detecta y conforma un sonograma, algo así como una fotografía del órgano realizada en base al eco generado. Como puedes comprobar, la física ha ayudado en gran medida en la tarea de localizar tumores. Este es también el caso de otra técnica que llamamos Resonancia Magnética Nuclear o RMN. Con ella se obtienen imágenes, extremadamente precisas, de los órganos internos usando un fenómeno estudiado por los físicos: el movimiento de las moléculas en medio de un campo magnético. Cada día aparecen nuevas posibilidades tecnológicas para detectar precozmente el cáncer y está demostrado que solo la conjunción de muchas disciplinas científicas hará que los tumores sean visibles en los prolegómenos de su existencia. Sin embargo, la sola constancia de la presencia del cáncer, su tamaño y localización precisa no son suficientes para establecer un tratamiento. Debemos saber más sobre ese nuevo inquilino del cuerpo. Hay que determinar sus características más íntimas para saber cómo combatirlo. Debemos desentrañar su edad o lo que en lenguaje científico diríamos su estadio para establecer el mejor tratamiento posible. Y, algo importante, saber si se ha diseminado por otras partes del cuerpo. De esto último hablaremos después.

Para conocer profundamente al tumor, por lo general se realiza una biopsia. Este proceso consiste en tomar una pequeñísima porción de tejido tumoral y analizarla con varias técnicas de laboratorio. La toma de muestra se realiza de diversas formas, las más frecuentes son la extracción de fragmentos del tumor con un aguja o la obtención de algún fluido. En ocasiones se usan técnicas algo más invasivas como la endoscopia, durante la cual se introduce un tubo delgado y luminoso por algún orificio natural del cuerpo para acceder al sitio donde se obtiene la muestra; a veces es necesaria una cirugía donde, por lo general, se extrae todo el tumor y se analiza. Hasta hace poco cuando se disponía del fragmento del tumor solo se usaban técnicas de coloración y observación al microscopio para determinar sus características. En la actualidad se ha evolucionado considerablemente y usamos tecnologías que logran «mirar» el interior de las células tumorales y conocer más de su genética y epigenética, lo cual nos desvela sus debilidades. De la genética y la epigenética del cáncer hablaremos después, no desesperes con los nuevos términos.

Luego de algunas pruebas como las que te he descrito, Miguel supo que aquellos dolores de cabeza y algunos despistes no estaban provocados por la carga de trabajo. En su cerebro crecía un glioblastoma, el tipo de cáncer más común en ese órgano y uno de los más agresivos que se conoce.

La TAC era clara y la posterior RMN lo confirmaba. Se le programó una cirugía para eliminarle la mayor cantidad posible de aquella masa. Había quedado el sábado con Jacinta para contárselo pero el plan tuvo que ser abortado.

¿SE PUEDE PREVENIR?

«Allí donde el arte de la medicina es cultivado,
también se ama a la humanidad».

—Hipócrates, médico de la antigua Grecia.

Aquel verano que ya describí como sofocante, me había ido de Madrid. No lo había planificado y me salió redondo. La ciudad fue azotada por tantas olas de calor que más que olas parecían tsunamis permanentes. No aguanto el calor. Sé que es increíble por aquello de haber nacido en El Caribe y hoy no será el día que explique las razones de mi fobia a las altas temperaturas. Tuve la oportunidad de hacer un sabático en la *University College of London*, aquella que llaman UCL, y para allá me fui. En aquel momento estaba en medio de un proyecto que buscaba conexiones de las defensas humanas aún no descritas. Madrid se quemaba y yo solía ir de mi *basement* en Islintong al laboratorio del *Cruxiform Building* ataviado con una sudadera, el paraguas en una mano y el ordenador portátil en otra. Recuerdo la fecha exacta: era un sábado, no había comido, se me complicó un experimento en el que enfrentaba tejidos tumorales a células del sistema de defensa humanas. Salí del edificio de laboratorios, ya pasadas las cuatro de la tarde, cargado con el ordenador, las notas del experimento y el imprescindible paraguas. Corrí detrás de un autobús y me sentí desdichado al verlo escapar mientras comenzaba a llover con fuerza. En aquel momento quise estar en Madrid a pesar de las temperaturas que reportaban. Tenía un hambre horrible y peor humor, divisé una cafetería cerca y me encaminé hacia ella. Empapado, hambriento, maldiciendo en cubano, me senté donde pude y entonces me percaté de que tenía tres llamadas perdidas desde España. ¡Thalía me había llamado tres veces! Ya con el té ardiendo en la mesa devolví la llamada. Le habían detectado cáncer en una mama. Ella es la hermana que la vida y no la biología me destinó. Nuestra historia se remontaba a más de dos décadas llenas de migraciones, momentos difíciles de pérdidas y alegres descubrimientos.

Cada vez que conozco la existencia de un nuevo caso de cáncer, tal y como cuando escuché la noticia de Thalía, me cuestiono si no pudo ser evitable. Prevenir es mejor que curar, es algo que está medianamente claro, aunque no siempre hacemos caso a las reglas lógicas. He perdido la cuenta de las veces que me han preguntado qué hacer para prevenir la aparición de un tumor. Engañarte con fórmulas milagrosas es algo que un científico no se plantea, y yo lo soy. Tampoco merece la pena hacerte una lista de los hábitos de vida saludables que todos conocemos y la mayoría no siguen. Pero, luego de muchos años estudiando el cáncer, hemos detectado algunos puntos débiles que, probablemente, nos ayuden a prevenir su aparición o incluso reforzar los tratamientos de hoy. ¿Cuáles son? El gran premio se lo lleva el humo del tabaco.

Antes de ahondar en el tema es interesante volver sobre algunos conceptos. Anteriormente te comenté que el cáncer aparece cuando el sistema inmunológico, las defensas, fallan. Esto es una realidad, sin embargo, no hablamos del momento anterior. Las defensas a veces no son capaces de eliminar el tumor, pero este ya existe. Dijimos que aquellas células que comenzaban a crecer, o será mejor decir multiplicarse incontroladamente, formaban el tumor y, en ocasiones, la defensa no actuaba de manera apropiada. Pero, ¿por qué se dividen de esta manera desproporcionada? Por lo general lo que ocurre es un daño en el material genético de las células en cuestión. El material genético o ADN guarda toda la información que las células usan para funcionar correctamente. Es como el programa informático que hace que una aplicación, un proceso industrial y hasta un videojuego funcionen. Si algo se daña en el código de ese programa o software, comenzaremos a detectar fallos.

En algunas situaciones, el ADN de las células se puede dañar, esto produce lo que llamamos mutaciones, que dan lugar a comportamientos aberrantes en el órgano donde se encuentran, entre ellas el crecimiento de un tumor. Contra estos fenómenos existen mecanismos naturales de reparación que intentan eliminar los daños y restaurar la información correcta. Cuando esto último no es posible, ya dijimos que se debe activar una señal de suicidio celular o apoptosis, para eliminar el defecto y que no se duplique cuando la célula se divida. Pero puede fallar y es cuando solo el sistema de defensa sería capaz de resolver satisfactoriamente el problema existente. Entonces, para conocer qué factores pueden desencadenar el cáncer en una persona y lograr un listado de recomendaciones, debemos escudriñar aquellos que provocan mutaciones en el ADN de las células.

Es evidente que varios cánceres aparecen debido a una predisposición genética heredada. No obstante, solo a entre el 5 y el 10 % de ellos se les atribuye una causa hereditaria clara; en España la cifra es 10. No obstante, no solo la genética entra en la lotería del cáncer. En la última década otro término se ha impuesto en el vocabulario de los que estudiamos esta patología. Hablo de la epigenética. Mientras que, como te comenté anteriormente, algunos tumores tienen su origen en una mutación genética que promueve la división descontrolada de las células de un órgano, en otros casos no es necesario que exista una mutación del ADN para que pase algo parecido. Por ejemplo, en las células no tumorales, algunos genes llamados oncogenes están reprimidos, no se expresan. Si esto ocurriese, las células comenzarían a proliferar. Sin embargo, en una célula cancerosa, el oncogén podría haber adquirido una mutación que le permite expresarse y contribuir a la progresión tumoral. Aquí seguimos hablando de genética. Pero también puede ocurrir una transformación «leve» del ADN, algo no permanente ni heredable que promueve la expresión de oncogenes y, consecuentemente, la aparición de un tumor. A este proceso de transformación leve del ADN lo llamamos epigenética. Los cambios epigenéticos del ADN han sido investigados en una gran variedad de cánceres y se posicionan como causa de muchos de ellos. Y aquí, una vez más, el humo del tabaco se desvela como el villano de la historia. Según unos experimentos sencillos realizados en un laboratorio estadounidense, la exposición de células humanas de pulmón al humo del tabaco induce cambios epigenéticos evidentes que provocan el «despertar» de genes promotores de tumores, los llamados oncogenes.

Una gran cantidad de trabajos científicos apuntan a que, junto al humo de tabaco, el exceso de alcohol y, por supuesto, la exposición a radiaciones conforman el triunvirato más sólido de agentes cancerígenos causantes de mutaciones o cambios epigenéticos inductores de tumores. Con lo cual nos podemos imaginar que las sesiones festivas en la playa, con abundante consumo de alcohol y tabaco y sin protector solar, entran con fuerza en la lotería del cáncer. Otros factores que parecen incrementar la incidencia de tumores son el exceso de peso junto a la inactividad física, la ingesta de altas

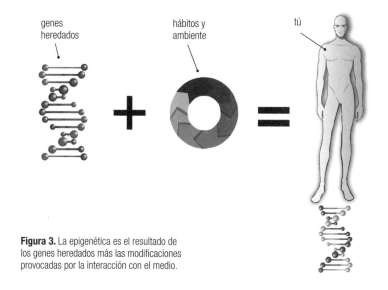

Figura 3. La epigenética es el resultado de los genes heredados más las modificaciones provocadas por la interacción con el medio.

concentraciones de azúcares y las infecciones con la bacteria *helicobacter pilori*, los virus de la hepatitis B, C y el papiloma humano. Los números dicen que hasta un 40 % de los cánceres son evitables si se siguen las pautas de vida saludable que hemos comentado. ¿Por qué no lo hacemos? Según Paloma, una amiga psicóloga, no lo hacemos porque los hábitos saludables son conductas reforzadas a corto plazo de manera positiva mientras que las consecuencias negativas son a largo plazo y solo probables.

Si nos movemos a un plano más molecular y corriendo el riesgo de que dejes de leer el libro en este momento, debo decir que tanto las mutaciones como las transformaciones epigenéticas ocurridas en genes como el p53, PTEN, KRAS, BRC1 y BRC2, todos ellos relacionados con el control del crecimiento celular, se relacionan con un número importante de tumores. Sobre todo esto existen centenares de estudios que argumentan con solidez las conclusiones comentadas. Solo te pido que recuerdes el gen p53, al final del libro hablaremos de él. Este gen es algo así como un guardián, si se muta o se elimina puede ocasionar una disfunción que lleva a la aparición de tumores. ¿Sigues ahí?

Por supuesto que nada es completamente negro o absolutamente blanco, tampoco en la ciencia. En ocasiones existe una aparente herencia familiar en algunos tipos de tumores que surgen en personas que, además de los genes, comparten un ambiente vital y, por lo tanto, están expuestos a los mismos agentes cancerígenos promotores de daños en el ADN de las células o transformaciones epigenéticas. Las familias que habitan en apartamentos cerrados y que uno o varios miembros fuman compulsivamente pueden ser ejemplos claros. Finalmente, otro factor que debemos tener en cuenta es el hecho de tener un sistema inmunológico debilitado. Tal y como te he insistido en varias ocasiones, la aparición de un tumor debido a cualquier causa, mencionada o desconocida, puede ser contrarrestado por las defensas. Por ello, una circunstancia que atenúe el funcionamiento de las defensas, como puede ser la infección con el virus de la inmunodeficiencia humana adquirida (VIH), condiciona la protección natural frente a la aparición de tumores. Afortunadamente, la medicación diaria que actualmente toman las personas con VIH revierte esta debilidad.

Otro dato a tener en cuenta es la concentración de un gas radiactivo, el radón. Luego de décadas de desconocimiento, hoy sabemos que los suelos graníticos emiten este gas. Es un hecho ya contrastado las muertes por cáncer de pulmón debidas a una exposición continuada al radón, por lo que se aconseja no estar demasiado tiempo en sitios graníticos cerrados, como cuevas, galerías o establecimientos termales.

Ventilarlos con frecuencia puede ser una solución. Por el contrario, otras radiaciones acusadas de provocar tumores pero de las que aún no existen evidencias científicas son las emitidas por los microondas, los teléfonos móviles y las redes wifi. Ahora recuerdo que al comenzar el siglo XXI, recién llegado al Hospital La Paz y mientras establecía mi laboratorio, un ingeniero informático del equipo de bioestadística me instó a realizar un proyecto para investigar la acción de la radiación que emite un teléfono móvil sobre tejidos humanos. El tema me intrigó y reconozco que le di un par de vueltas a un diseño experimental propicio para responder la pregunta. Al final tuve que abortarlo, el día tiene 24 horas, mis recursos eran escasos y ya había planteado unas cuantas preguntas que tenía que responder.

Con las tres llamadas perdidas, Thalía intentaba comunicarse conmigo, su voz trataba de ocultar el desespero, pero muchos años de amistad te hacen reconocer la verdad detrás de cada frase. Quería información, recomendaciones, probabilidades… y medicación alternativa. Le pedí unos minutos, el estar empapado, con las notas del laboratorio igual de mojadas, me sirvió de excusa para colgar, tragar saliva, pensar. Entonces volví a marcar su número y tuvimos una conversación larga en la que ambos mantuvimos la calma aparente que los adultos fingimos, sin éxito en la mayoría de las situaciones.

SIN BALAS MÁGICAS
NI ALTERNATIVAS A LA CIENCIA.

«La ciencia vale la pena porque sus descubrimientos, tarde o temprano, siempre se aplican».

—Severo Ochoa, biólogo español.

La necesidad de perpetuarnos es algo inherente a los humanos. Esto nos hace vulnerables y crédulos. Thalía conocía la biomedicina desde dentro. A diferencia de Jacinta y Miguel, ella había tenido una formación científica, aunque no se dedicaba a la investigación directamente. El temor a los efectos secundarios de la quimioterapia precipitó una búsqueda de nuevos métodos, algo experimental, y hasta la palabra alternativo apareció en su conversación sobre el tema. Sin embargo, al menos hasta el momento, las balas mágicas no existen y las terapias alternativas no suelen ser del todo científicas.

En los capítulos anteriores te contaba que la aparición de los tumores tiene lugar cuando un cúmulo de factores fallan: una herencia genética que se transmite, exposición a agentes mutantes, mutaciones que no se reparan, cambios epigenéticos que «despiertan» genes protumorales o una defensa que no actúa eficazmente. Todo ello nos lleva a una conclusión clara, los tumores ocurren debido a un conjunto de causas. Por lo tanto, no es descabellado pensar que el tratamiento para eliminarlo debe tener en cuenta, al menos, parte de esos factores que desencadenan la enfermedad. ¿Entonces qué nos hace pensar que puede existir una única bala mágica capaz de herir de muerte al tumor?

El término «bala mágica» surgió a principios del siglo XX para definir la primera quimioterapia que, curiosamente, no fue empleada para eliminar un tumor, sino contra microorganismos que causan infecciones en los humanos. «Bala» viene a designar la acción mortífera, mientras que «mágica» se refiere a que tan solo hará daño a quien está causando problemas y nunca a los órganos cercanos y células sanas aledañas. Buscar este agente terapéutico ideal ha sido el objetivo de miles de científicos y, por otra parte, motivo de estridentes decepciones. No obstante, aún hoy se siguen líneas de investigación encaminadas a encontrar un fármaco líder que ilumine el camino hacia la cura. De ello hablaremos más adelante.

Antes de ser diagnosticada, Jacinta pensó que tenía una infección. El viernes la había llamado Miguel, bastante menos hablador que de costumbre, quería verla, contarle algo en persona. Quedaron para el sábado por la tarde, «cuando el sol azote menos» imploró Jacinta. Pero el encuentro, como ya te conté, no tuvo lugar. Jacinta amaneció con fiebre, demasiado alta para no prestarle atención. Su hermana, recién llegada de una fiesta, apenas tuvo tiempo para lavarse la cara antes de bajar a la calle con ella sosteniéndola por los hombros. En el Hospital La Princesa de Madrid la recibió un residente con cara de asustado que llamó al médico adjunto de guardia y allí se quedó ingresada. A partir de este momento, los días de Jacinta estuvieron marcados por pinchazos para obtener muestras que luego analizaban en el laboratorio. Poco a poco se iban acercando a la causa aunque para ello tuvieron que acceder a su médula ósea mediante una punción, algo que Jacinta describió como si intentasen hacerle vacío con una aguja. Para entonces su tez era preocupantemente pálida y las fiebres continuaban. ¿El diagnóstico? Leucemia

Aguda Linfoblástica. Miguel supo todo por un mensaje, la hermana de Jacinta envió la noticia a los amigos cercanos. Él había preparado un discurso para el encuentro con su amiga, días antes le habían confirmado la existencia de aquello que crecía en su cabeza... «Jacinta no podía concederme ni por un momento el protagonismo» quiso pensar Miguel para quitarle hierro a la situación, mas no pudo. Su mirada se quedó fija en aquel mensaje de texto y comenzó a llorar.

Mientras tanto, Thalía se sumergió en internet. El tumor de mama tiene un recorrido clínico definido. Por lo general una cirugía, luego ciclos de quimioterapias, en ocasiones radioterapia y al final tratamiento hormonal. Todo ello salpicado con efectos secundarios notorios y otros potenciales, entre los últimos la imposibilidad de ser madre debido a la probable retirada de la menstruación. Mi amiga tenía en contra su reloj biológico. Los cuarenta se acercaban y, por fin, había llegado la pareja estable y el empleo adecuado. «¿Habría alguna alternativa para evitar los efectos secundarios?», era la pregunta que más se hacía.

La ciencia avanza buscando la explicación de todo lo que ocurre para, entre otras cosas, frenar las adversidades que nos impone la naturaleza. En el caso de las enfermedades que nos azotan, los científicos intentamos descubrir sus causas y con ello diseñar curas y medidas preventivas. Sin embargo, las verdades que vamos obteniendo casi siempre son parciales, preliminares y se necesita tiempo para lograr soluciones rotundas. Hoy el cáncer se cura en ocasiones usando un arsenal que provoca desastres colaterales, inevitables por ahora. Cuando intentamos eliminar las células tumorales, a veces afectamos las sanas y con ello comprometemos el curso de lo que llamamos ciclos vitales. En los años ochenta una gran cantidad de personas murieron al infectarse con el virus del VIH y desarrollar el SIDA, inmediatamente se descubrieron formas de atacar el virus mortal usando trampas químicas que traían una mochila repleta de efectos secundarios. Pero los enfermos dejaron de morir. Lo mismo ocurre con el cáncer. Lo primero es preservar la vida, inmediatamente después buscamos la forma de minimizar los efectos indeseados. El ser humano, no obstante, no se contenta con el presente. A pesar de que una parte importante de la población cree en una vida más allá de la muerte, todos intentan prolongar la presente y en las mejores condiciones posibles. Esta motivación nos ha llevado a proezas indiscutibles, mas —como todo tiene una cara B— a veces ha provocado infortunios. Con la era de la información al alcance de casi todos, muchas personas han desarrollado grandes habilidades para disfundir avances no contrastados y verdades personales a las que han llegado sin un método científico. El cáncer no está exento de este fenómeno. Thalía encontró decenas de supuestas curas alternativas que evitaban los grandes inconvenientes de los tratamientos que debía seguir. Si navegamos en internet, encontraremos un sinfín de páginas con propuestas alternativas a las terapias establecidas para los diferentes tipos de tumores. Como científico siempre estaré abierto a nuevos conceptos. Muchas veces las grandes soluciones han llegado por experimentos accidentados u observaciones no planificadas. Pero la evidencia primaria tiene que ser comprobada por una experimentación concienzuda, siguiendo las pautas que hemos construido durante siglos.

Recuerdo que hace muchos años Gilberto, un gran amigo, logró entrar en una compañía de medicina homeopática, por aquel entonces yo estaba haciendo mi doctorado en la Universidad Complutense de Madrid. Gilberto, ilusionado con su posición, se había vuelto todo un experto en homeopatía. Su botiquín rebosaba de pequeños frascos con soluciones para todo tipo de enfermedades. Él y su pareja, Martín, se habían erigido como mis padres en España, yo no tenía familia en Madrid y la situación no cambiaba si extendíamos la búsqueda al continente europeo. Tenían por costumbre invitarme a comer todos los domingos, lo cual agradecía mi estragado estómago de doctorando pobre sin tiempo para grandes cocciones, ni dinero para restaurantes. Aquel domingo Gilberto me comentó sobre una línea de productos homeopáticos con actividad antitumoral que se comenzaría a introducir en España. He de decirte, hago un paréntesis en la historia de mi amigo, que mi tesis doctoral acababa de dar un giro crucial, algo que marcaría definitivamente mi carrera científica. Por un error en un experimento usé una dosis bastante menor de un compuesto dañino para las células y resultó que, en esas condiciones, la sustancia tenía efectos protectores, todo lo contrario a lo que se conocía. Con esto en mente, le pregunté a mi amigo sobre la base de la homeopatía y su explicación alumbró mi cara.

El fundamento de estos tratamientos está en el uso de dosis ínfimas de algunos compuestos naturales. Inmediatamente le pedí a Gilberto muestras de todos aquellos botecitos y durante un par de meses me dediqué a probarlos en los cultivos de células tumorales que tenía en el laboratorio.

¿El resultado? Nunca vi un efecto, nada notorio, nada reportable. Un domingo volví a la casa de Gilberto y Martín con los resultados, todos negativos, de mis meses de experimentación con la homeopatía, pero he de confesar que no tuve el valor de echar por tierra las convicciones de Gilberto. Como cada fin de semana, me limité a comer lo que Martín había preparado y comentar las noticias de los últimos siete días, y sobre todas las cosas, evité tocar el tema nuevamente.

En realidad, pensé que podía estar equivocado, que algo fallaba en mis modelos de laboratorio. Había hecho observaciones contrastadas sobre los efectos contrarios que tienen las microdosis, de hecho en ello centré mi tesis doctoral. Sin embargo, los compuestos homeopáticos no son microdosis de nada, realmente son agua, agua cara. Según los mismos prospectos, se hacen diluciones enormes de los principios activos, o lo que es lo mismo, aquella sustancia que puede tener algún efecto se diluye millones de veces siguiendo protocolos que rondan la magia. Entonces, ¿de dónde vienen los efectos descritos por un número importante de pacientes? No tengo explicación científica para ello. Probablemente sea una mezcla de factores no controlados y las ganas de mejorar, eso que muchos llaman fe. Pero la realidad es distinta. Los números globales indican que la quiropráctica, la homeopatía, la acupuntura, las dietas a base de zumos y otras alternativas, no curan el cáncer. Al analizar bases de datos de la evolución de pacientes con diferentes tumores que se sometieron solo a terapias alternativas se concluye que, en el caso del cáncer de mama, tienen cinco veces más probabilidades de morir. Esta probabilidad es cuatro veces mayor cuando el tumor es colorrectal y el doble cuando se localiza en el pulmón. Entonces, con los datos, no las opiniones, en la mano, no puedo recomendar la homeopatía para el cáncer. Quizá merezca la pena realizar un estudio más exhaustivo y comparativo para poner más claro, si cabe, este dilema que tantas discusiones han generado. De cualquier manera nos queda seguir estudiando alternativas para paliar los efectos secundarios de las terapias actuales, y más aún, buscar otras vías donde la especificidad gane terreno y los efectos colaterales se minimicen. Pero todo ello desde el método científico, ese libro que durante siglos, quienes nos dedicamos a desentrañar secretos, hemos ido creando, rectificando y mejorando cada día.

Fue una suerte que el espíritu crítico de Thalía y su formación científica le propiciaran esa dosis de realidad necesaria para tomar una decisión. Uno de los peores momentos fue cuando le confirmaron que perdería la menstruación por el tratamiento que seguiría luego de la operación. Acudió a una clínica de reproducción asistida y le dijeron que ya sus óvulos eran viejos para sacarlos y congelarlos. Varios años después me confesó: «este fue el momento más duro o uno de los más duros, salí a la calle, me senté en el césped sola, llorando y desconsolada». El sueño de una familia con hijos nacidos de su vientre se desvanecía con el tratamiento que necesitaba seguir; en el otro lado de la balanza estaba la única vía científicamente probada para seguir con vida. «¿Conoces algún ensayo clínico en curso para evitarlo?» fue su pregunta al otro lado del teléfono días después de aquella primera llamada que congeló el agua que me había caído encima al salir del laboratorio. «Déjame buscar, pero la respuesta que tengo ahora es no», le dije mientras caminaba, sin rumbo, con el Támesis a mi derecha, los ojos enrojecidos, una voz que impostaba seguridad y el cielo aplomado de Londres sobre mi cabeza.

¿CÓMO ENCONTRAMOS LOS TRATAMIENTOS CONTRA EL CÁNCER?

«Equipado con sus cinco sentidos, el Hombre explora el Universo que lo rodea y a sus aventuras las llama Ciencia».

— Edwin Hubble, astrónomo estadounidense.

Cuando tenía ocho años, un primo mayor me preguntó qué quería estudiar. Estábamos en medio de una reunión familiar, de esas que siempre odié, donde a los más pequeños nos hacían pasar por experiencias vergonzosas con preguntas tontas sobre relaciones amorosas, evidentemente inexistentes, y otras cuestiones adultas. Mi madre siempre recordaba el momento diciendo que se me encendió el rostro y dije claramente «físico nuclear». Es probable que en aquel entonces no supiera nada acerca de lo que quería decir aquel binomio que pronuncié con rotundidad. Sin embargo, eso fue lo que estudié unos cuantos años después. Todo parece indicar que había leído una biografía para niños de Marie Curie, una de las descubridoras del radio y la radiactividad. Su vida, llena de sacrificios por su afán de buscar la verdad sobre lo que nos rodea, me impactó y, posiblemente, marcó mi futuro. Primero estudié Física Nuclear y luego me he dedicado a comprender las defensas humanas en situaciones patológicas como el cáncer. Anteriormente te dije que la Física ha sido crucial en el desarrollo de métodos para diagnosticar tumores, pero omití su papel en el tratamiento del cáncer y su cura. El descubrimiento de la radiactividad y su acción perjudicial sobre los tejidos vivos abrió toda una avenida de posibilidades para combatir cualquier tipo de tumor. En esto el primer ladrillo lo puso aquella señora que inspiró mi vocación por la ciencia.

Si somos capaces de dirigir con precisión las radiaciones hacia las células cancerígenas, estas morirán con alta probabilidad. Entonces aparece, nuevamente, el dilema de la especificidad. Al igual que en los tratamientos con sustancias químicas, llamados quimioterapia, la radiactividad afectará las células sanas, estas morirán y el funcionamiento del órgano en cuestión se comprometerá. La encrucijada vuelve a acechar. ¿Cómo actuamos los científicos frente a este problema?

Desde el laboratorio, ese lugar un tanto mitificado donde muchas veces se gesta el futuro, lo primero que se hace es entender el porqué una célula deja de cumplir lo que tiene programado y comienza a dividirse sin control. Este es el problema para el cual debemos encontrar la causa que nos ayudará a implementar una solución. Antes de entrar en cómo buscamos las curas, es importante tener en cuenta algo. Contrariamente a lo que se cree, y a la visión idílica de los medios de comunicación, las series y las películas, la ciencia es todo menos una carrera de éxitos. Es una carrera, pero de obstáculos. Desentrañar los secretos de la naturaleza es un esfuerzo complicado, que necesita la conjunción de elementos difíciles de juntar. El día a día de un laboratorio de investigación es la historia, no escrita, de los fracasos. Pocas son las veces en que una hipótesis se convierte en una teoría capaz de explicar, sin fisuras, un fenómeno como la aparición de un tumor. Y, una vez que esto ocurre, es necesario buscar la forma adecuada para convertirlo en el tratamiento eficaz contra la enfermedad estudiada. Un camino largo, lleno de espinas, precipicios, altas montañas, laberintos y, probablemente lo peor, sillas, muchas sillas. Sillas que significan tirar la toalla, desistir, acabar extenuado... sentado. Cada vez que alguien, ajeno a la ciencia, manifiesta su admiración por los científicos y los clasifica como héroes siempre pienso: «tienes razón, pero no sabes exactamente por qué».

Para encontrar la cura del cáncer necesitamos entenderlo, saber los pormenores de su nacimiento y evolución. Esto se hace desde varios ángulos. De hecho, mientras más aristas, puntos de vista y diversidad se establezcan frente a un problema, más fácil será encontrar la solución. Dado que en la base de estas patologías está una desregulación del crecimiento celular, el camino para entender el cáncer pasa por buscar sus causas. En un número importante de veces estas se encuentran en las mutaciones permanentes o modificaciones temporales de los genes que controlan el crecimiento y división de las células. Ya te comenté que el material genético o ADN es una especie de programa o software informático donde están escritas todas las instrucciones para el funcionamiento de nuestros órganos. Si las líneas de códigos se modifican, ocurre una mutación y esto puede causar que algún «programa o software» deje de funcionar o lo haga inadecuadamente. Si la mutación ocurre en el material genético de las células implicadas en la reproducción, este error «informático» se transmite a la descendencia y entonces los hijos heredaran la patología. Las mutaciones pueden deberse a factores externos, como la exposición a radiaciones y otros agentes nocivos, pero también a errores genéticos, originados por fallos que se cometen cuando, al dividirse, las células «copian» mal su ADN, y crean «softwares» defectuosos. Sea cual sea el origen de la mutación, el campo de la genética ha sido tierra abonada para el estudio del cáncer. Una gran cantidad de esfuerzos se concentran en encontrar qué parte del ADN, lo que llamamos genes, muta y causa el desastre. Para ello se han desarrollado tecnologías que nos permiten estudiar miles de genes en poco tiempo y así encontrar la mutación responsable. Una vez identificada, todo comienza. Inmediatamente buscamos cómo podemos solucionar el defecto, a veces es simple, la mayoría no. Si el gen mutado interviene en un proceso vital que podemos sustituir con algún fármaco, ya tenemos la mitad del camino transitado. En ocasiones, la única solución aparente implica la sustitución del gen afectado por uno que funcione. Siguiendo el símil utilizado, es como intentar editar el texto o código afectado en el programa. Cuando escribimos un párrafo y detectamos un error, fácilmente podemos arreglarlo. Más aún, si al escribir nos percatamos de que una oración estaría mejor en otro lugar, realizamos un proceso extremadamente popular que llamamos «corta y pega». Los científicos siempre hemos acariciado el sueño de poder cortar aquellas zonas defectuosas de los genes y en su lugar pegar el código adecuado. Con esto solucionaríamos una gran cantidad de problemas de salud.

Lo que llamamos terapia génica ya está siendo una realidad con problemas éticos en la mochila. Varias herramientas se han ido desarrollando en este sentido, pero todas se encuentran con un problema esencial: ¿cómo implementarlo en un adulto? Paradójicamente, muchos experimentos de corta y pega genético han tenido como efecto secundario la aparición de tumores. ¿Significa esto que debemos abandonar esta vía? Probablemente no, simplemente habrá que refinar las técnicas y, una vez más, eliminar los efectos secundarios. Eso sí, habrá que tener en cuenta las cuestiones morales y evitar la experimentación que nos lleve a crear seres mejorados, algo que parece no tan imposible como imaginábamos hace tan solo unos años.

Otro granero está en las modificaciones no permanentes del material genético... ¿Recuerdas que se definían como epigenéticas? Muchos son los resultados prometedores en este sentido. El doctor Manel Esteller desde Barcelona se afana en predecir el comportamiento del tumor, si es más o menos agresivo, e incluso qué tipo de fármaco será el más efectivo, estudiando las modificaciones epigenéticas. Otro tanto hace mi amiga Inmaculada Ibáñez en el IdiPAZ, ella está convencida de que estas marcas serán cruciales para la elección de la terapia en los tumores de pulmón.

Y, por supuesto, el otro gran campo de acción son las defensas. Como ya te he comentado, al manifestarse el «error en el software» existe un control que intenta evitar que progrese. Estos son nuestros policías, unas células que van «patrullando» todo el cuerpo en busca de «criminales» para frenarlos. Sin embargo, la lucha entre nuestras células defensivas y las tumorales puede terminar en una especie de reeducación de las primeras, que pueden optar por dejar de defendernos e incluso colaborar con el cáncer. Este proceso de «corrupción policial» es la diana de estudio de muchos investigadores, entre quienes me cuento. El fascinante mundo de la tumor-inmunología, tándem aparentemente complicado de pronunciar pero precioso en su interior, escudriña los entresijos de esa extraña relación.

En este último campo de batalla los éxitos han sido atronadores. Pero contemos un poco la historia y con ello desmitifiquemos y humanicemos a los científicos. No hace mucho tiempo, y estoy hablando de los primeros años del siglo XXI, asistí a una conferencia de una eminente científica del campo. Su exposición fue fría y magistral a partes iguales, en el turno de preguntas me aventuré a especular sobre la implicación del sistema inmunológico, recordemos que hablamos de las defensas, en unos de los fenómenos que ella observaba. Su respuesta fue contundente: «el sistema inmunológico no tiene nada que hacer aquí». Por aquel entonces una de las revistas más prestigiosas entre los científicos publicó una revisión crítica sobre todo lo que se conoce del cáncer con un título impactante, *Hallmarks of cancer*, que en español sería algo así como «los sellos distintivos del cáncer», es decir, aquello que identifica al cáncer. Curiosamente, el sistema inmunológico no estaba entre la lista de las cosas importantes que definen un proceso tumoral. Pero la ciencia es dinámica y capaz de incorporar las verdades que se van demostrando. Poco tiempo después mi equipo publicó un trabajo, pequeño, que provocó un sismo mediático nacional. Aquello fue solo una ínfima piedrecilla que demostraba la importancia de las defensas en la progresión del cáncer. Luego vino un tsunami de artículos científicos que cimentó el edificio de la tumor-inmunología y en un tiempo récord se estableció una terapia, la inmunoterapia, que implica directamente la reactivación de las defensas. El uso de estas estrategias clínicas ha elevado el éxito en el tratamiento de un número significativo y creciente de pacientes. Las estadísticas que se manejan son impresionantes y lo mejor es que cada día aumenta la tasa de éxito. Por citar algún ejemplo, antes de la inmunoterapia se tenía establecido que el melanoma metastático, un tumor maligno de la piel, era cien por cien mortal. Esta cifra ha cambiado drásticamente, hoy en día se considera que hasta un 60 % de los pacientes se pueden curar.

La idea era tan simple como genial, las defensas están para evitar el progreso de los tumores. Sin embargo, una gran cantidad de ellos logran atraer a sus filas a los «policías» que vigilan el cuerpo humano. La clave está en evitar o revertir esa «corrupción policial». En la realidad celular y molecular, las células cancerígenas expresan en su exterior unas moléculas que, al interactuar con las defensas, hace que estas últimas dejen de luchar contra el tumor y caigan en un estado de cansancio que les impide actuar como es debido. Al estudiar esta especie de negociación entre los criminales —células del tumor—, y los policías —células de la defensa—, cada día encontramos nuevos factores que nos ayudarán a bloquear ese cansancio inducido en las defensas humanas y restablecer su lucha. Los elementos implicados en este fenómeno se llaman *immunocheckpoints.* Si quisiéramos traducirlo, sería algo así como puntos de control inmunológico, pero la realidad es que el término anglosajón es más manejable y, sin menospreciar la riqueza de nuestra lengua, en este caso me pliego a usar la palabra concisa que importamos del latín actual, es decir, el inglés. Entre los *immunocheckpoints,* el más popular actualmente es el PD-1, y las terapias que lo involucran han tenido gran éxito en más de un tipo de tumor. Sin embargo, PD-1 no es él único. Pronto veremos una pléyade de ellos en la clínica que serán como destellos que cada día me recuerden que no estaba equivocado al formular aquella pregunta cuando nacía el siglo y, por el contrario, la eminente científica, que sigue siéndolo, erró en su respuesta. También desatinaron aquellos que publicaron los *Hallmarks of cancer,* al no incluir las defensas en su estudio. Pero equivocarse es de humanos y rectificar es de sabios. Los mismos autores, varios años después y en la misma revista, volvieron a publicar los *Hallmarks of cancer* e incluyeron a las defensas en la lista. De hecho, ya en diciembre del 2018, más precisamente el décimo día del mes, en Estocolmo, dos de los padres de lo que hoy llamamos inmunoterapia, James P. Allison y Tasuku Honjo, recogieron el premio Nobel, confirmando su entrada en la historia de los hitos de la humanidad.

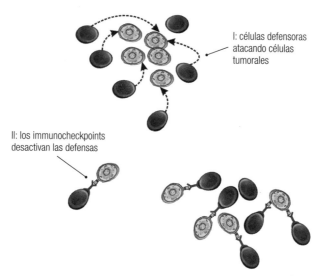

Figura 4. Fases de la interacción entre los tumores y las defensas.

Mientras Thalía apuntaba la cita para su operación, a Jacinta literalmente le mataban un número importante de células de la sangre como primer paso para evitar que el mal proliferara. Esto trae consecuencias: en nuestra sangre se encuentra la mayor parte de las defensas, si las eliminamos dejamos desprotegidos al paciente y un simple virus que antes solo nos hacía estornudar puede matarnos. Con este tratamiento Jacinta necesitaba estar aislada para evitar infecciones. La solución definitiva vendría de la mano de un trasplante de médula ósea, así que se activó el proceso de búsqueda de una persona compatible.

El tiempo avanzaba y el verano fue quedando atrás, un viernes casi otoñal fue el día que elegimos Didier y yo para desayunar. Seguía en mi sabático londinense, pero una reunión me llevó a su ciudad natal y él tuvo que hacer un viaje relámpago de trabajo a París. Aunque vivían en Madrid, Didier y Thalía se conocieron durante una vacaciones en

Turquía y llevaban saliendo unos años. Al principio parecía una aventura más en sus vidas pero la cocción lenta funcionó y habían decidido unirse de una manera más permanente, aunque a ninguno les atrajera el formalismo matrimonial. El plan por etapas era, primero vivir juntos y luego tener un hijo. La primera parte había salido redonda, pero la segunda parecía truncarse con la aparición de un tumor en el seno derecho de Thalía. Con la noticia, los amigos nos volcamos con ella y, sin darnos cuenta, nos olvidamos de Didier. El cáncer, en ocasiones, es un drama que consume al enfermo y su entorno. Aquel viernes fue la oportunidad de enmendar el abandono que sufría Didier. «¿Dónde estás?» fue su pregunta al teléfono cuando lo llamé porque no aparecía. Habíamos quedado en el Arco de Triunfo, pero no en el grande, sino en el pequeño. De joven había visto una película que contaba una historia de amor de verano entre un niño francés y una americana, y él quedaba con ella en el Arco de Triunfo de los jardines de la Tullerías, lo cual llevó a un par de confusiones en su primera cita. Esta vez ocurrió otro tanto. El parisino pensó que hablaba del otro, el grande que sale en todas las fotos. Esto demoró nuestro encuentro y sirvió para quitar tensión a la situación. «No estamos preparados para afrontar esto, nos educamos para la vida, no para enfrentar la muerte», así empezó luego de los chascarrillos iniciales por confundir los arcos siendo parisino. «La palabra cáncer enferma solo al pronunciarla o escucharla porque está relacionada con la muerte. Y no sabemos gestionar la muerte», seguía diciéndome. Él acompañó a Thalía cuando salió por primera vez la palabra tumor. «Pocos días después de la visita al oncólogo, ya la palabra tumor había mutado en tumor maligno. ¡Vaya marrón! Ahora que íbamos a intentar formar una familia», seguía contándome con el tono solemne que tienen los franceses cuando se expresan en castellano. «Lo creí en el primer minuto, algunos dicen no me lo puedo creer, pues yo me lo creí. Mi segundo pensamiento fue para ella, no quiero que sufra. Si ha de morir, que sufra lo menos posible», y así en menos de quince minutos pronunció la palabra muerte o algún derivado unas veinte veces. «Thalía no tiene por qué morir de esto», fue mi respuesta y le expliqué el protocolo que seguro se seguiría. Didier no estaba convencido, se tomó unos segundos y volvió con una pregunta: «¿Existe otra opción? Leí algo sobre un doctor polaco que tiene una clínica en los Estados Unidos...», y aquí me explicó todo lo que sabía de Stanisław Burzyński y sus antineoplastos. Según se conoce por varios artículos en internet, Burzyński tiene una hipótesis paralela para explicar la aparición y progreso de los tumores. Asegura que existe una respuesta homóloga y quizá independiente al sistema inmunológico que tiene una base más bioquímica. De alguna forma, no explicada, aparecen unas sustancias, llamadas por él antineoplastos, capaces de reprogramar las células tumorales y regular su crecimiento. «Te prometo que investigaré...», fueron mis palabras tras el abrazo de despedida. Me quedaban unas horas en la ciudad antes de irme al aeropuerto, busqué una cafetería con conexión wifi gratis y repasé todo lo que había detrás de esta hipótesis. Un científico trabaja con datos, evidencias, hipótesis que se pueden convertir en teorías para explicar los fenómenos desconocidos, pero a la vez somos humanos. Los humanos nos enamoramos, somos racionalmente irracionales, solo que esto hay que apartarlo cuando debemos analizar la validez de una hipótesis. Mucho hay escrito en internet sobre Stanisław Burzyński, pero comparativamente poco si nos centramos en artículos de análisis profundo de sus datos. No existe eco científico de sus resultados, siempre firmados en primera persona. Esto es un indicativo fehaciente de que algo huele extraño. Los trabajos se suelen replicar por otros grupos, en algunos casos simplemente se confirma lo publicado anteriormente, en otros se amplía o se debaten los puntos débiles. Pero nada de esto existía. Varios pacientes han sido tratados con los antineoplastos que ha generado Burzyń ski.

Él mismo reporta la evolución de algunos de ellos en publicaciones que se denominan *case report,* por el hecho de ser casos aislados donde la estadística no puede juzgar la veracidad de lo observado. En varias décadas, ni investigadores independientes ni el propio Burzyński han generado una prueba irrefutable de la acción antitumoral de los antineoplastos. Aquello me recordó cuando mi amigo Gilberto me dio sus frascos con sustancias homeopáticas que no funcionaron en ninguno de los experimentos que realicé mientras hacía mi doctorado en la Universidad Complutense.

Un caso parecido es la terapia Gerson basada en una dieta estricta con zumos naturales y enemas para eliminar toxinas. La hipótesis de este médico alemán, Max Gerson, no es descabellada. Está claro que un exceso de radicales libres y productos tóxicos nos hace enfermar. Sabemos que el cáncer puede originarse debido a mutaciones o modificaciones del material genético por su acción. Pero esto no quiere decir que, una vez que ha ocurrido, curaremos a los pacientes con zumos naturales recién hechos. La nutrición es clave para mantener un equilibrio en nuestro organismo, pero cuando enfermamos, necesitamos algo más que una alimentación equilibrada. Esto es esencial entenderlo.

Ya habiendo terminado mis meses sabáticos en Londres regresé a Madrid, era pleno otoño y la ciudad comenzaba a respirar aire algo más fresco. Fue entonces que Antonio, el doctor Pérez-Martínez, decidió venirse al Hospital La Paz como oncopediatra. Habíamos coincidido en algunas charlas y luego una amiga común nos hizo compartir mesa para que nos conociéramos. Así surgió una amistad y colaboración científica que ya supera el quinquenio. Antonio pasó por mi laboratorio y me propuso integrarse por un tiempo en mi equipo para desarrollar inmunoterapias celulares contra varios tipos de cánceres que aparecen en los niños. Por aquellos días conocí al pequeño Juancho, un carismático paciente de Antonio, y a José, su padre. Juancho solo tenía tres años y quería jugar, un día se hicieron evidentes los síntomas de una leucemia, seguía teniendo tres años pero dejó de jugar. A José le cambió la vida. Las soluciones convencionales eran pocas y la alegría de su hijo se iba apagando. La enfermedad de Juancho se puede explicar como una traición en el propio cuerpo de policías. Parte de las defensas se transforman en auténticos criminales, dejan de protegernos y van dejando poco espacio en la sangre porque aumentan en número exageradamente. Hay que eliminar a estas células que llamamos linfocitos B, las traidoras, pero esto no ocurre porque el resto de nuestras defensas, por ejemplo, sus compañeras de patrullaje, los linfocitos T, son incapaces de percatarse de la «corrupción» que han sufrido las primeras. Esto puede revertirse si, de alguna manera ingeniosa, les hacemos saber a los linfocitos T que sus compañeras, las B, están creando serios problemas. Aquí entra lo que llamamos *CAR T cells* que, una vez más es un acrónimo en inglés, *chimeric antigen receptors*, y además una idea fabulosa. Aplicando aquello de que si la montaña no viene, vamos a la montaña, se le hace ver a las células T que sus compañeras han dejado de serlo y deben ser eliminadas. Para ello se extrae una gran cantidad de células T de la sangre del paciente, estas se reeducan o se modifican en el laboratorio para que reconozcan como «malas» a las células B y se les vuelve a inyectar al mismo paciente. De esta manera sus propias defensas reconocerán las células cancerígenas y las eliminarán. José no fue capaz de entender a la primera lo que Antonio le estaba explicando, pero era una solución, posiblemente la única que tenía Juancho. No lo dudó. Necesitaría varias pruebas previas y que un comité de ética aprobara la entrada del pequeñín en aquella terapia aún experimental. Así fue. A Juancho le dijeron que le sacarían un poco de su sangre para que pudiera volver a jugar y, con la alegría que lo caracteriza, extendió su bracito en un gesto de aprobación para que lo pincharan. Ante todo quería volver a jugar.

Nada está terminado en esta batalla desde el laboratorio. Cada día se abren nuevos frentes para abordar el tema usando otros puntos de vista. Aquí te he mencionado terapias como la quimio y la radio, ya convencionales, que un día

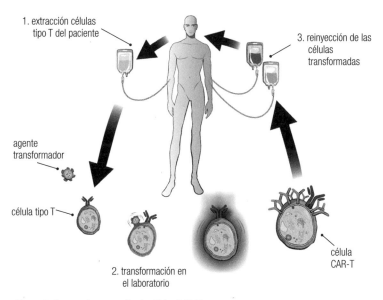

1. extracción células tipo T del paciente

3. reinyección de las células transformadas

agente transformador

célula tipo T

2. transformación en el laboratorio

célula CAR-T

Figura 5. Proceso de generación de células CAR-T.

constituyeron experimentos; también te he explicado la inmunoterapia en dos de sus vertientes más prometedoras, el uso de los *immunocheckpoints* y las *CAR T cells*, pero hay otras muchas en cartera. Entre las esperanzas está el uso de la microbiota para modular el crecimiento de tumores. Una vez más nos referimos a las defensas, pero en esta ocasión introducimos un elemento nuevo, los microorganismos que tenemos en el intestino. Hasta hace poco, le prestábamos mínima (por no decir inexistente) atención a ese compendio de bacterias que conviven con nosotros. Ya sabemos que su composición puede influir en nuestra respuesta defensiva frente a los tumores. En mi laboratorio, Ahmad, un doctor en biología de origen libanés, no para de analizar las heces de pacientes que tienen cáncer colorrectal. Compara la composición de sus microbiotas, es decir, de los microorganismos que aparecen en sus heces, con las de personas sanas. Luego analiza las posibles correlaciones con la evolución y respuesta a tratamientos, todo en busca de una pista por donde seguir. Él, Ramón Cantero-Cid —un cirujano especialista en sistema digestivo— y yo, discutimos ideas a horas intempestivas, muchas veces utilizando un grupo de whatsapp que lleva por nombre *Stool* —heces en inglés—… una nueva puerta se acaba de abrir.

HAY VIDA MÁS ALLÁ DEL CÁNCER

«Los árboles tienen una vida secreta que sólo les es dado conocer a los que se trepan a ellos».

—Reinaldo Arenas, escritor cubano.

Mientras el pequeño Juancho entraba en la terapia, Thalía se sumergía en una vorágine de exámenes médicos. Una tarde me escribió diciendo, en tono jocoso, que estaba esparciendo radiactividad al referirse a las pruebas en las que se usan rastreadores radioactivos. Luego vino la operación. Le extirparon el tumor del seno derecho y un par de ganglios. La operación de Miguel fue más complicada. En su caso la masa tumoral estaba en un sitio que comprometía puntos vitales, pero todo ocurrió de la mejor manera posible y entró en una etapa de recuperación que no se correspondía con la gravedad de la situación. Cuando salió del posoperatorio el cirujano pasó a evaluarlo, le preguntó algunas cosas simples y luego fue aumentando la complejidad de las preguntas. Al salir habló con Daniel, el hermano de Miguel, que esperaba nervioso fuera de la habitación. «Me impresiona cómo está evolucionando, pero creo que toqué alguna zona del control del lenguaje, está tartamudeando, lo siento, os comenté...», esto le arrancó una carcajada a Daniel que alivió su tensión y cortó el discurso del cirujano. Miguel siempre había tartamudeado, no había habido ningún daño extra en la operación. Sin embargo, aquello que le habían extirpado no dejaba de ser un glioblastoma, un cáncer feroz. La esperanza de vida es mínima usando todas las estrategias que se tienen a mano, pero con Miguel la enfermedad se topó de bruces con el optimismo. Él decidió luchar, vivir sin deprimirse todo lo que su organismo le permitiera.

Si te das cuenta, no he comenzado este capítulo con una pregunta, todo lo contrario, con una afirmación. Aunque aún no podemos decir que el cáncer es curable, tampoco es preciso definirlo como una condena a muerte. Juega en contra el hecho de que, como te dije en los comienzos de este libro, bajo la palabra cáncer se definen muchas enfermedades diferentes que tienen un común denominador: la multiplicación incontrolada de algunas células. Si prestamos atención a los números, parece ser que más de la mitad de las personas que enferman de algún cáncer sobreviven. Vayamos a las comparaciones; está claro que los humanos reconocemos patrones por comparación. Si una persona que enferma de sepsis —una infección bacteriana acompañada de una fulminante respuesta del sistema inmunológico— tarda más de tres horas en recibir el tratamiento adecuado, su probabilidad de curación es menor del 50 %, y a partir de las 12 horas la esperanza de supervivencia se limita a un 15 %. De hecho, las muertes debidas a la sepsis superan a los fallecimientos por cáncer colorrectal y de mama. En la actualidad, muchos tumores tienen tratamiento y el paciente deja de serlo en un período razonable de tiempo. Pero, ¿por qué se tarda años en determinar que el paciente está curado? De esto te hablaré más adelante, por ahora te digo que muchos están en revisiones durante quinquenios sin recibir el alta médica. Aunque se ha avanzado enormemente, el cáncer sigue aportando signos de interrogación. Al final, son células que pueden sobrevivir en las condiciones más adversas y esto las convierten en bastiones difíciles de abatir. Los protocolos actuales están basados en la experiencia acumulada en décadas de tratamiento, observación e investigación. Se recomienda cautela y seguimiento durante períodos alargados.

Mi amiga Jacinta siguió las pautas de sus médicos, pero la quimioterapia convencional no curaba su leucemia linfocítica aguda. La opción era subir significativamente la dosis, esto eliminaría las células descontroladas pero el daño a su médula ósea sería fatídico. Te recuerdo que la médula ósea es la fábrica donde se producen todas las células de la sangre, nuestras defensas. Con el tratamiento se quedaría sin defensas, se infectaría, sangraría y la lista de efectos secundarios incompatibles con la vida se extendía. En estos casos, la solución es un trasplante o, lo que es lo mismo, reconstruir el centro de producción de células de la sangre. Después de terminar los tratamientos con altísimas dosis de quimioterapia habría que trasplantarle la médula ósea. Pero ¿de quién? Su hermana era la primera candidata, si en realidad lo hubiese sido, mas no lo era, al menos no biológica. De pequeña, Jacinta supo que su hermana, dos años menor, había sido adoptada por sus padres cuando apenas tenía unos meses de vida. Que fuera mucho más morena nunca fue un problema para mantener la estrecha relación que las unía, algo que las llevó a compartir piso en Madrid cuando ambas ingresaron en la universidad y dejaron el pueblo. Descartada como donante, la hermana de Jacinta se empleó en la búsqueda de esa persona compatible que salvaría la vida de su hermana, llenó el ciberespacio de anuncios con las especificaciones buscadas. España es un país generoso en lo referente a trasplantes de órganos, pero lo de la médula ósea aún costaba. Entonces apareció alguien, cuyo nombre nunca sabremos, pero sí que viajó desde Centroeuropa para dar parte de sus células madre a Jacinta y, con este gesto, lograr que hubiera vida más allá del cáncer.

LA CONEXIÓN CON EL SISTEMA NERVIOSO CENTRAL, REALIDADES A MEDIAS

«Las ideas no duran mucho.
Hay que hacer algo con ellas».

—Santiago Ramón y Cajal, neurocientífico español.

Juancho recibió la infusión de su propia sangre con las células reeducadas, todo parecía ir según lo programado pero apareció una infección. Su sistema inmunológico, agotado, no hizo frente a una bacteria que crecía en los pulmones. Aquello se había previsto un par de días antes. Antonio, el oncopediatra que llevaba el caso de Juancho, apareció en el laboratorio con una muestra de sangre del pequeñín. —¿Has mirado los niveles de PD-L1 en las células circulantes?— fue mi pregunta. Esto quizá suene a mandarín, simplemente le estaba preguntando si había evaluado la posibilidad de que sus defensas se estuvieran volviendo más tolerantes a cualquier eventualidad, incluyendo la aparición de una infección bacteriana. Así fue, analizamos sus células defensivas y vimos que se habían elevado los niveles de ese *immunocheckpoint*, un síntoma de lo que ocurrió poco después. Entonces se decidió complementar el tratamiento con un inhibidor de ese *immunocheckpoint*, algo que ayudaría a frenar la expansión del cáncer y alguna infección. La batalla continuaba, con otro frente abierto, el pequeño Juancho empezó un tratamiento adicional contra la bacteria que lo había infectado. Pero salió adelante, aquello que medimos en el laboratorio propició que Antonio planteara al comité de expertos una variación en el tratamiento que seguía Juancho y esto le salvó la vida. Probablemente estés pensando que la ciencia hace milagros, yo creo que no. No tengo constancia de que los milagros existan, sin embargo, desde el laboratorio podemos salvar vidas.

Mientras esto ocurría con Juancho, Thalía entraba en el ciclo de quimioterapia que trasformaba su aspecto y el ritmo de su vida. Tiempo después, Didier me contó que un día, mientras comían, acarició su cabeza y un mechón de cabello cayó sobre la sopa; en ese momento decidió ir al cuarto de baño y raparse. Ella prefirió no ocultar la ausencia de pelo con una peluca, tan solo usaba gorros para protegerse del frío. Miguel también dejó de tener pelos en su cuerpo y engordó algunos kilos por los corticoides. Jacinta se preparaba para el trasplante recibiendo altas dosis de quimioterapia. Todos estaban inmersos en tratamientos agresivos que les impedían llevar una vida como la de antes. Sus estados anímicos sufrían fuertes recaídas. Miguel era el más optimista con gran diferencia, pero los momentos bajos se sucedían. Era evidente que su sistema nervioso se resentía. ¿Y al revés? ¿Es posible que una depresión o momentos de gran estrés puedan influir en la aparición del cáncer? Por aquellos días, un amigo que dirige una fundación en Castellón me invitó a un coloquio sobre cáncer. Lo cierto es que aceptarlo constituía un trastorno en mi agenda. Por otra parte, no era una reunión con científicos, lo cual me hizo replantearme un par de veces la decisión. Al final acepté y aproveché el viaje de ida y vuelta en el AVE para adelantar en la escritura de un artículo científico que tenía en la lista de espera. El formato no era el habitual de una charla con diapositivas, aquello sería una especie de entrevista pública y me disponía a enfrentarme a preguntas de cualquier índole. La experiencia fue excepcionalmente buena, sobre la marcha logré transmitir los principales conceptos necesarios para entender la aparición del cáncer y su evolución, pero de pronto aparecieron las terapias alternativas defendidas por personas que asumen como ciertas las semiverdades mil veces repetidas en internet. —¿Qué opinión le merecen las terapias del doctor Ryke Geerd Hame?— fue la pregunta.

Ryke Geerd Hamer era un médico alemán que luego de un traumático episodio de pérdida, sufre un tumor y lo mismo le ocurre a su esposa. Basado en este hecho, postula que la aparición del cáncer se debe a un estado depresivo que condiciona la respuesta inmunológica. ¿Tiene razón? Sí y no. Recordarás que desde el principio de este libro he remarcado el papel crucial de las defensas en el progreso del cáncer. Un sistema inmunológico fuerte nos ayudará a combatir con eficacia cualquier proceso tumoral. ¿Pero esto puede ser la causa primera de la patología? En otra palabras, ¿estar hundidos en una situación que debilite nuestras defensas puede causar cáncer? Dar una respuesta rotundamente positiva a esta pregunta nos llevaría a interpretaciones muy poco científicas. No debemos alterar el orden de los eventos y situar en el origen algo que, sin lugar a dudas, influye, pero no parece ser la causa primera. Como siempre he dicho, pocas cosas son rotundamente de un color definido, en la gama de grises se mueve la realidad. Si en una persona está ocurriendo un proceso tumoral y, eventualmente, su sistema inmunológico está debilitado por cualquier motivo, las probabilidades de que el cáncer se consolide serán mayores. Entre las causas del debilitamiento de sus defensas puede estar la depresión, pero no es la única y otorgarle toda la responsabilidad sería poco objetivo. Aparentemente, Hamer y sus colaboradores intentaban sanar el cáncer desde un fortalecimiento del estado psicológico, abandonando todo tipo de tratamiento establecido. Este médico ha ido más allá y entiende todas las enfermedades como la consecuencia de un proceso traumático que tiene una manifestación en el cerebro y este, como órgano rector, genera la enfermedad. Según su creencia, que no sus datos, hasta las infecciones bacterianas son controladas por el cerebro y los patógenos son solo instrumentos a las órdenes de nuestro cerebro para generar la enfermedad infecciosa. Ante estas afirmaciones se necesita respirar profundo y dejar pasar unos segundos. Si bien la acción del sistema nervioso sobre el sistema inmunológico es una realidad demostrada con la identificación de las conexiones moleculares que comunica ambos sistemas, afirmar que todas las patologías se generan por una orden del cerebro, previamente afectado por un hecho traumático, es algo difícil de sostener científicamente. En el caso del cáncer, ¿qué experiencia traumática habrá vivido el pequeño Juancho para que su cerebro de tres añitos haya ordenado la aparición de una leucemia? Pero, incluso, aunque intentáramos darle algo de crédito a estos postulados, ¿dónde están las réplicas por parte de otros investigadores? No existen datos fiables que demuestren la veracidad, no hay observaciones contrastadas. En la ciencia cabe todo lo que se explica y se replica, el resto son semiverdades sostenidas por una creencia sin bases sólidas, y seguidores a quienes, por alguna razón, les atrae ir a contracorriente lo cual no es nada desdeñable. Pero hasta la contracorriente necesita ser demostrada y replicada para convertirse en ciencia. Desafortunadamente, el ser humano suele abrazar ideas peregrinas y erigirlas como verdades absolutas, aunque toda la razón esté en contra. El gran ejemplo es la religión en todas sus manifestaciones, algo que sirve de refugio y recompensa pero carece de una base sólida más allá de la fe personal y, por tanto, debería quedar en ese plano. Fue difícil rebatir la solidez con la que aquella persona me preguntó mi opinión sobre Hamer en aquel foro, como lo ha sido discutir sobre religión con mi suegra. Sin embargo, mientras que el segundo caso tan solo fue una declaración de posiciones sobre una verdad que queda en la esfera íntima, en el primero se trataba de dar por sentado la fiabilidad de una terapia que, a día de hoy, no tiene base teórica ni resultados que la avalen más allá de lo que en ciencia llamamos la ley de los pequeños números.

Aquel debate con el público de Castellón me recordó que justo antes de la operación de Thalía recibí una llamada de Didier. Faltaban cuarenta y ocho horas para el ingreso y estaban valorando ir a ver un curandero recomendado por algún conocido de Thalía en Portugal, una alternativa a la operación. «Estamos desesperados, los médicos nos dicen cosas contradictorias, algunos recomiendan quitar los ganglios, otros no...». Debo reconocer que tuve que hacer una pausa y pensar detenidamente en las palabras que usaría para seguir aquella conversación. Opté por agradecer la confianza que depositaba en mí al consultarme una cuestión tan importante. Luego mostré interés por la alternativa, cosa que era totalmente cierta, la curiosidad es lo primero que se me activa cuando me enfrentan a algo que desconozco. Según sus informaciones, esta persona era capaz de hacer desaparecer el tumor en dos sesiones, el precio eran unos trescientos euros, tendrían que ir hasta Portugal. No tuve que recurrir a grandes argumentos para convencer a Didier de que no era una opción lo que estaba planteando. Un par de minutos bastaron para percatarme de que tenían la decisión tomada, acudirían a la cita concertada para extirpar el tumor del seno de Thalía, solo querían reafirmar la decisión con alguien externo a la pareja. Cuarenta y ocho horas después, Thalía entraba en el quirófano del Hospital Clínico de San Carlos, en pleno corazón de Madrid y, como ya te conté, le extirparon un tumor y dos ganglios.

Por lo general, es difícil hacer cambiar de parecer a las personas. Los humanos tendemos a construirnos un esquema que satisfaga nuestro credo y, a partir de ese momento, solo buscamos reafirmarnos. Una opinión contraria, por muy fundamentada que esté, pocas veces nos hace cambiar de opinión. Justamente en esto nos diferenciamos la mayoría de los científicos del resto de la población. Al trabajar con hipótesis que intentamos elevar a la categoría de teorías y luego demostramos con hechos palpables y resultados que se repiten hasta la saciedad, nos adaptamos a la plasticidad. En otras palabras, lo que hoy damos por cierto, mañana lo transformamos si descubrimos algún fallo o desajuste con la realidad. Es algo fácil de explicar y difícil de entender. A diferencia de los dogmas estáticos, en la ciencia buscamos explicar los fenómenos, para ello planteamos hipótesis que, de ser buenas, se erigen en teorías capaces de explicar el fenómeno estudiado. Pero luego viene la hora de la verdad, el momento en que la teoría no solo debe describir al detalle todo lo que ocurre, sino también predecir cosas aún contempladas. Si esto falla, la teoría se revisa e incluso se descarta. Por otra parte, no basta con una demostración. Se necesita que lo planteado se confirme con el uso de toda la tecnología disponible, así como por varios equipos de investigación independientes. De esta manera, la ciencia aporta avances sólidos de los que todos nos beneficiamos. Por ello, para dar crédito a una alternativa se necesita que esté fundamentada y convenientemente replicada. La intuición funciona muchas veces en los primeros momentos, luego tenemos que convertirla en algo palpable.

Poco a poco, Miguel empezó a recuperar su vida. La cirugía había eliminado aquella masa del cerebro y desaparecieron los dolores de cabeza. Luego vino la quimioterapia con su toxicidad. Ahora tocaba volver, en lo que cabe, a la normalidad. Reunió a todos sus amigos y nos dijo: «chicos, tengo algo menos de dos años por delante, he decidido que los voy a vivir». Y así lo hizo. Los miércoles eran los días en que siempre comíamos y reíamos a mares, su buen humor nos contagiaba. Siempre recordaré el día que decidimos probar un menú de exquisiteces preparadas por un chef de moda. Miguel no quiso esperar la explicación del solícito camarero y engulló una de aquellas creaciones, sin percatarse de la existencia de un envoltorio, no comestible, que se debía desechar. Alguna vez tuvimos un par de conversaciones sobre cómo evolucionaban las cosas en el laboratorio, un día me pidió consejo sobre a quién donar su cerebro cuando ocurriera lo sabido. No sé cómo lo hizo, pero aquellos meses los recuerdos alegres y no de un modo artificial. Él simplemente decidió vivir y no sufrir. Más tarde llegaron semanas difíciles, se fue quedando sin control corporal. Una mañana recibí un mensaje de su hermano, había fallecido.

MÁS ALLÁ DE LA QUIETUD

«... *lo bueno de la ciencia es que es cierta, creas en ella o no*».

—Neil deGrasse, científico y divulgador estadounidense.

En griego antiguo la palabra metástasis significaba «más allá de la quietud» y definía el proceso mediante el cual «algo» se movía e invadía sitios distantes. Seguramente has escuchado en más de una ocasión la palabra metástasis en relación con un estado, clínicamente complicado, de un paciente con cáncer. La metástasis alude a la extensión del tumor por otras partes del cuerpo, diferentes al sitio donde se originó. Este proceso dificulta enormemente la erradicación de la enfermedad y compromete el funcionamiento del organismo. Muy poco se puede hacer en esta etapa de la enfermedad, los tratamientos que funcionan en los tumores primarios, los originarios de la metástasis, no tienen los mismos efectos en las metástasis. Además, en la mayoría de las veces aparece de manera sincronizada en varios órganos. ¿Recuerdas el símil que hice al principio con la empresa donde uno de sus departamentos dejaba de funcionar por crecimiento descontrolado de su personal? En un momento posterior, lo que ocurre es que algunos de esos nuevos no-trabajadores que aparecieron en el departamento de Ventas se escapan y se establecen en otro departamento, por ejemplo, Compras, llevando consigo el mismo problema. El resultado es que en vez de uno, serán dos o más los departamentos los afectados.

Lo curioso es que muchas veces podemos erradicar el tumor primario, pero casi nunca somos capaces de tratarlo cuando aparece en otros sitios, a pesar de ser, en apariencia, el mismo tipo de cáncer. La estadística es escalofriante: la tasa de supervivencia relativa a 5 años de personas con cáncer de mama localizado puede llegar a ser del 99 %. Pero si el cáncer se ha diseminado a una parte distante del cuerpo, es decir, si se ha producido una metástasis, la tasa de supervivencia baja hasta el 27 %. Algo anda mal en la teoría que explica este proceso. Conocemos cómo frenar al tumor en su primer hogar pero, una vez que «migra», somos incapaces de hacerle frente. ¿Por qué ocurre esto?

A lo largo de este libro hay una idea recurrente: si queremos combatir algo, tenemos que conocerlo. Existe un número impresionante de enfermedades curables y esto se debe a que, en un momento determinado de la historia de la ciencia,

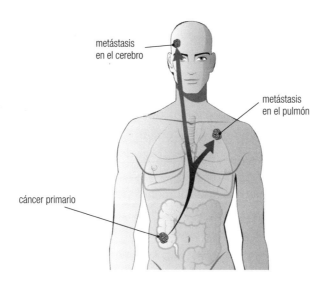

metástasis
en el cerebro

metástasis
en el pulmón

cáncer primario

Figura 6. Metástasis: el cáncer se disemina a otras partes del cuerpo.

fuimos capaces de entender el porqué de su ocurrencia. Con el cáncer pasa exactamente lo mismo. Aquellos tumores que hoy son curables fueron investigados y conocidos a fondo para hallar sus puntos débiles. Pero la metástasis se resiste. Según los textos clásicos, la metástasis ocurre cuando algunas células tumorales se desprenden del sitio de origen, alcanzan el torrente sanguíneo, viajan a través de él y luego se emplazan en un órgano distante. La primera vez que leí esta explicación miré a mi alrededor en busca de un grupo de bromistas que, cámara en mano, estaban grabando mi reacción. Luego, me cercioré de que la fuente leída era fiable. Más tarde pensé que aquello no era posible de ninguna manera. Vamos por pasos: los tumores son células que pierden sus funciones y se multiplican sin control. A esa pérdida de sus funciones la denominamos proceso de desdiferenciación, lo cual quiere decir que, poco a poco, tienen menos «habilidades». Una de las «destrezas» que ciertas células logran en un proceso de especialización es precisamente la llamada migración, es decir, la capacidad de moverse, de caminar dentro del cuerpo. Las células tumorales no poseen esta habilidad, por lo tanto, eso de que se desplazan desde un sitio hasta otro usando el torrente sanguíneo es un tanto difícil que ocurra. Por otra parte, existe otro gran problema. Supongamos que, de alguna manera, los tumores puedan abandonar su nicho original y alcanzar la circulación sanguínea. ¿Recuerdas de qué está llena la sangre? De nuestras defensas, esas células-policías-antidisturbios que patrullan todo el cuerpo en busca de criminales para eliminarlos. Si varias células tumorales circularan por la sangre, probablemente serían detectadas por las defensas y eliminadas. Entonces… ¿cómo es posible que un tumor se expanda?

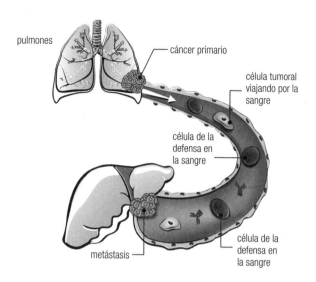

pulmones

cáncer primario

célula tumoral
viajando por la
sangre

célula de la
defensa en
la sangre

célula de la
defensa en
la sangre

metástasis

Figura 7. Expansión de un tumor por el cuerpo (teoría clásica).

Existe una teoría que plantea una transformación de los tumores, un proceso que les confiere la capacidad de moverse con cierta libertad por el cuerpo. Sin embargo, surgen demasiadas dudas en cada uno de sus postulados. Ese proceso de transformación parece entrar en contradicción con la propia esencia de «dejadez» funcional de los tumores. Pero no solamente esto, una de las grandes objeciones a la teoría de la transformación epitelio-mesenquimal —así la llamamos— es la escasa explicación que da para entender cómo es que la célula tumoral, una vez que abandona el sitio original, evade las defensas, los antidisturbios. En ese sentido, y mientras los científicos defensores de esta teoría se devanan los sesos buscando demostraciones y explicaciones, otros hemos optado por desvelar el misterio desde otro punto de vista.

Si vamos directamente al proceso, sabemos que una vez que se establece un tumor en un órgano, migran hacia dicho sitio las células de las defensas con el objetivo de eliminar el cáncer. Una vez allí, se establece una lucha entre las defensas y el criminal. Cosa que, como ya te comenté al principio del libro, en ocasiones entiendo como una especie de negociación entre bandos contrarios. En este rifirrafe celular, suele resultar vencedora la defensa, nuestros antidisturbios. Sin embargo, cuando esto no ocurre y el cáncer progresa, puede tener lugar un escenario propicio para el tumor, con procesos sorprendentes. Por ejemplo, se puede dar una fusión entre los «buenos» y los «malos». Es decir, se puede generar una célula que sea una mezcla entre el tumor y la defensa. ¿Cómo sería este nuevo ente? Tendría características de ambos. Por una parte, heredaría la capacidad de duplicación incontrolada del tumor y su posibilidad de sobrevivir en ambientes tóxicos, con bajos niveles de oxígenos y alto contenido de radicales libres. Mientras que las defensas aportarían su habilidad de moverse, migrar por el cuerpo y, un detalle extremadamente importante, una coraza que las haría invisibles a otras células defensivas que se encontrara en su viaje colonizador. Si nos remontamos a la literatura clásica, esto sería un perfecto Caballo de Troya, cuya apariencia amigable ocultaría la carga mortal que guarda en su interior. Pero, ¿esto es posible? Aparentemente, sí.

En mi laboratorio hemos puesto a «convivir» células de ambos tipos, tumorales y de las defensas, y luego de pasado un tiempo corto, alguna de las células tumorales, en especial aquellas que llamamos células madre tumorales, se fusionan con los monocitos, unas de las células pertenecientes a las patrullas antidisturbios que tenemos en nuestro cuerpo. Todo esto parece fácil así contado, pero ya verás más adelante el tortuoso camino que tuvimos que seguir. Estos nuevos entes, los Caballos de Troya, son capaces de moverse con gran destreza por el cuerpo y colonizar órganos distantes.

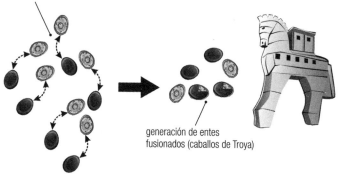

interacción entre defensas
y células tumorales

generación de entes
fusionados (caballos de Troya)

Figura 8. Generación de las fusiones entre tumores y defensas.

Incluso, hemos comprobado su existencia en las metástasis de un gran número de pacientes. Por otra parte, la proporción de estos Caballos de Troya en la sangre de los pacientes con tumores se correlaciona con la aparición futura de la metástasis en ellos. ¿Estaremos frente a la explicación de la metástasis? De ser así, cosa que aunque aparentemente tiene todas las probabilidades de ser cierta hay que confirmar desde muchos puntos de vista, se comenzaría a pensar en estrategias que frenaran ese viaje colonizador de los Caballos de Troya. ¿Cómo hacerlo? Las ideas son varias. Una de las estrategias sería evitar su aparición buscando sustancias que inhiban los procesos de fusión. Recordemos que esos proverbiales Caballos de Troya son resultados de una fusión entre buenos y malos. Sin embargo, ¿qué hacer una vez que existen? Una solución podría ser desenmascararlos frente a los antidisturbios. Conocemos algunas de sus características, que podemos aprovechar para reeeducar a nuestras defensas para que ataquen aquellos Caballos de Troya en circulación. Probablemente, el uso de terapias parecidas a las que aplicaron al pequeño Juancho, las *células CAR T*, pueda ser una vía para solucionarlo. Finalmente, habrá que estudiar las debilidades de estos Caballos de Troya para poder atacarlos cuando hayan colonizado los sitios lejanos. Queda aún camino por recorrer, preguntas por responder e investigación por financiar para entender la génesis de este proceso y plantear una solución clínica contundente, mas la brecha está abierta.

¿CÓMO SURGE UNA HIPÓTESIS?

«La imaginación es más importante que el conocimiento».

—Albert Einstein, físico alemán.

La idea inicial de la teoría me la sugirió un experimento diseñado para explicar un proceso supuestamente alejado del cáncer y la metástasis. Por aquel entonces mi grupo era más pequeño… en realidad éramos un cuarteto formado por Vanesa, Carlos, Alexandra y yo. Mientras Vanesa y Carlos buscaban los mecanismos moleculares que explican la evolución del paciente con infecciones bacterianas, la llamada sepsis; Alexandra, venida de Sao Paulo, se dedicaba a estudiar las interacciones de algunas células del sistema inmunológico con los tumores. Sin embargo, no fueron estos experimentos los que despertaron una pregunta que marcó la evolución del laboratorio. Por lo general, en mi equipo intentamos que cada componente tenga al menos dos proyectos en activo. De esta manera, cuando uno se hiela, por llegar a un callejón sin salida, existe la posibilidad de ver la luz en otro. Es una manera de buscar equilibrio emocional en esta carrera, a veces desmoralizante, llamada ciencia. Alexandra estudiaba paralelamente la conversión de una células pequeñas en otras grandes por procesos de fusión. Una tarde, yo andaba con algo de prisa, ella me llamó al laboratorio donde hacemos los cultivos celulares en condiciones estériles para mostrarme la fusión entre varias células del sistema inmunológico.

Allí, bajo el microscopio, estaban fusionándose para formar otros entes enormes con una función diferente. En realidad observábamos un fenómeno conocido y reportado otras muchas veces, que sería la base de otro experimento sin relación alguna con el cáncer. Pero la imagen se me quedó grabada y con ella me fui corriendo hacia el Teatro Real, donde me esperaba una función de ballet clásico, el *Lago de los Cisnes*.

Me confieso un fanático del ballet, todo un *balletómano* según la jerga popular, si bien la Real Academia de la Lengua no ha admitido aún oficialmente dicho término. Esto me viene de Cuba; allí la danza clásica es casi tan popular como lo puede ser el fútbol en otras latitudes. Cierto o no, aquella noche me volví a entregar a la historia mil veces vista y disfrutada; algo, sin embargo, me rondaba en la cabeza. Mientras el príncipe y la princesa hechizada desarrollaban su *pas de deux,* yo no dejaba de pensar en aquellas células que se fusionaban bajo el microscopio. El *pas de deux* del segundo acto del *Lago de los Cisnes* es un momento emblemático de esta coreografía: la pareja baila en una especie de lucha por unirse y crear un ente único, poderoso, para luchar contra el hechizo que cada amanecer convierte a la princesa en un cisne… ¡un ente diferente, con una función nueva! Dos células diferentes se pueden fusionar para formar algo nuevo, con funciones nuevas… esto ya era conocido… ¿y si lo aplicáramos a la metástasis? Por una parte está el tumor y por otra el sistema inmunológico, el primero tiene unas características y el segundo, otras; su unión daría lugar a una supercélula capaz de moverse como lo hacen las células de la defensa, el sistema inmunológico, y luego proliferar indefinidamente como lo puede hacer un tumor. Además, no sería la primera vez que detrás de un paso importante en un proceso biológico aparece una fusión.

Siempre he pensado que los momentos ¡Eureka! que tanto eco han tenido en la cinematografía y la literatura dedicadas a la historia de los descubrimientos científicos, no son más que exageraciones de los autores. Sin embargo, esto sucedió tal cual. Salí del teatro dándole vueltas a una hipótesis, esa que expliqué anteriormente. Al día siguiente me reuní con mi equipo y planteamos, emocionados, una serie de experimentos para demostrar que aquello podría ser verdad. Pero la ciencia, como ya he dicho, no es una carrera de éxitos, sino de obstáculos. Algo se descontrolaba y Alexandra no lograba reproducir las fusiones de igual manera en cada intento. Fallaba algo, un detalle que te contaré más adelante y que, como no podía ser de otra manera en esta historia, nos encontramos agudizando la observación y prestándole atención a los datos. Alexandra terminó su tesis doctoral y tuvo que volverse a Brasil. Sus observaciones sirvieron de base para el resto de nuestro trabajo. Hace poco nos reencontramos en Nueva York, ella trabaja como investigadora en el Mount Sinaí y otra vez vi su rostro iluminado cuando le conté los datos recientes de aquello que comenzó una tarde en que tenía prisas por irme al teatro.

Años después de aquella tarde, seguíamos corriendo la maratón de obstáculos para explicar lo que habíamos observado, preparábamos la primera versión de lo que sería el artículo científico con todos los datos obtenidos cuando Patricia, otra amiga, me llamó. El laboratorio se encontraba en plena efervescencia y aquel día mi concentración era máxima; rechacé la llamada, pensé que sería para invitarme al teatro. Solíamos irnos de vez en cuando al teatro juntos; nuestras respectivas parejas no son amantes de las puestas en escenas arriesgadas, nosotros sí. «Respóndeme, es importante», apareció en la pantalla del móvil. Entonces me vino el recuerdo de aquellas tres llamadas perdidas de Thalía cuando estaba en Londres y decidí devolverle el SOS. Un par de horas después quedé con ella en la cafetería del IdiPAZ, el Instituto de Investigaciones del Hospital La Paz. Se hacía de noche. «Hace algunos años me habían visto unas microcalcificaciones en una mamografía...», empezó su relato. Patricia era una intelectual, una de esas personas que derrochaba conocimiento y sabiduría. A ella acudía cada vez que tenía una duda histórica o quería conocer la raíz de una palabra. Sin embargo, el miedo es el real emperador de todos los males. Aquella vez le recomendaron repetirse el examen pasados unos meses, pero no lo hizo. «Me aterrorizó la idea», fue su comentario. Llevaba tiempo, no supo decirme cuánto, con bultos en un pecho. «Nunca he confiado en los médicos, ya lo sabes», me dijo y su cara era una mezcla de vergüenza y arrepentimiento. En vez de regresar a la revisión, buscó otras alternativas. Gastó algo de dinero en medicina homeopática, siguió una dieta baja en lácteos y azúcares. «Tú mismo dices que el azúcar alimenta a las células cancerígenas», me explicó en un intento de justificar su decisión. Nada había cambiado en su cuerpo y su salud, si quitamos el endurecimiento del seno, pero llevaba varias semanas con dolores en la espalda, a veces tan fuertes que le impedían hacer Yoga y Pilates. Finalmente decidió ir al médico. La nueva mamografía indicaba el crecimiento de un tumor en uno de sus senos, la ecografía sugería la colonización de algunos ganglios y otras técnicas de imagen confirmaron la metástasis ósea. «Dime que al menos lo de la dieta sin azúcar estaba correcto», me dijo soltando una de sus risas contagiosas. «Sí, eso ayuda, pero solo ayuda», fue mi respuesta mientras pensaba que lo que estábamos haciendo en el laboratorio no llegaría a tiempo para ayudarla. Meses después, luego de una operación, sesiones de quimioterapia y radioterapia, Patricia me hacía relatarle cada uno de los detalles de nuestro proyecto. Su mirada se fue apagando poco a poco y su risa cada vez se escuchaba con menos fuerza. Hay tumores que son difíciles de tratar y dan pocas oportunidades al paciente, pero hay otros que han sido trillados y quedado al descubierto. Contra ellos tenemos una artillería, cada día más fina, para eliminarlos, pero únicamente es efectiva si llega a tiempo. Patricia tenía oportunidades terapéuticas pero el miedo a los efectos secundarios hizo que se entregara a otras terapias que solo pueden servir de apoyo y hasta hoy no han demostrado una fiabilidad estadística por sí solas.

El proyecto que intenta explicar la metástasis como una fusión entre los tumores y las defensas sigue adelante. Ahora sabemos que otros grupos en Estados Unidos han observado lo mismo. Si no se replican de manera independiente, los resultados son difíciles de creer. La batalla continúa y seguro que ganaremos, pero Patricia no pudo beneficiarse de ella.

EL CÁNCER INFANTIL NO DEBE EXISTIR

«Ninguna persona debería morir
en el amanecer de su vida».

—Danny Thomas, humorista estadounidense.

Juancho superó la infección y la terapia celular —así llamamos al uso de esas células propias reeducadas anteriormente explicadas— funcionó. Las células tumorales fueron desapareciendo y él recuperó sus ganas de jugar. De vez en cuando pregunta por Antonio, aquel señor de bata blanca que le explicaba todo lo que le iban a hacer. La experiencia cambió la vida su padre, hoy volcado en una fundación que financia proyectos científicos para vencer al cáncer infantil.

Miles de veces hemos hablado Antonio y yo, pero siempre nuestras conversaciones han estado marcadas por la premura de un análisis, la concepción de un proyecto o la escritura de un artículo en conjunto. Aquel día, tendríamos dos horas y media de trayecto en AVE hasta Barcelona sin las prisas de una reunión mía o una consulta médica suya. Íbamos a recoger un premio que le daban, yo lo acompañaba como director científico del IdiPAZ. La conversación giró, como era de esperar con Antonio, sobre cáncer infantil. Y, por supuesto, sobre la inmunoterapia y mi teoría sobre la metástasis.

El cáncer en los niños es poco frecuente, pero no deja de ser la causa principal de muerte por enfermedad infantil en países desarrollados. Los tipos más comunes de cáncer diagnosticados en niños de 0 a 14 años son las leucemias, seguidas por los tumores de cerebro y otros del sistema nervioso central, los linfomas, sarcomas, neuroblastomas y tumores renales. Esto cambia cuando se llega a la adolescencia y hablamos del período comprendido entre los 15 y los 19 años; en estas edades los linfomas son lo más comunes, seguidos por los tumores de cerebro y otros del sistema nervioso central y las leucemias. Según los números, la cantidad de supervivientes va en aumento de manera general. A finales del siglo pasado solo la mitad de los niños diagnosticados con algún tumor sobrevivían al menos cinco años; esta cifra ya ha superado el 80 %. Esto se debe a la detección precoz y los tratamientos que se están desarrollado.

Como muchas veces he dicho a lo largo del libro, los científicos intentamos buscar las causas de las enfermedades para lograr una cura. Entender lo que ocurre es fundamental. Sin embargo, no se conocen cuáles son las causas de la mayoría de los cánceres infantiles. Todo indica que cerca del 5 % de todos los tumores malignos en los niños son causados por una mutación genética hereditaria. Se ha descrito que aquellos que padecen síndrome de Down, una afección genética originada por la presencia de una copia adicional del cromosoma 21, tienen casi 20 veces más probabilidad de padecer leucemia que los niños que no tienen este síndrome. Pero solo una muy pequeña proporción de leucemia en niños está asociada al síndrome de Down. ¿Y el resto?

Te comenté en un capítulo anterior que la mayoría de los cánceres surgen como resultado de modificaciones permanentes o temporales en genes que causan un crecimiento celular descontrolado. En adultos, los factores ambientales pueden ser cruciales para que esto ocurra. El humo del tabaco, la exposición a radiaciones ultravioleta del sol y la ingesta de alcohol son los más claros factores ambientales involucrados; sé que lo estoy repitiendo. Sin embargo, en niños, las causas ambientales del cáncer deben ser otras, pues las mencionadas no casan con las rutinas de vida infantiles. No se han podido determinar con certeza cuáles son las causas en esta población. Por otra parte, algo que es una suerte, su baja frecuencia, no ayuda a establecer estudios estadísticos fiables.

Algunos datos indican que la exposición a la radiación ionizante está detrás de la aparición de la leucemia en niños. Los niños cuyas madres se hicieron exámenes con rayos X durante el embarazo han tenido un riesgo mayor de algunos tipos de cáncer. En el caso de la exposición de los padres a sustancias químicas causantes de tumores malignos, la exposición prenatal a pesticidas o durante la infancia a agentes infecciosos comunes y vivir cerca de una planta nuclear de electricidad han tenido resultados mixtos. Mientras que algunos estudios muestran asociaciones entre estos factores y el riesgo de algunos tipos de cáncer en los niños, otros análisis no han encontrado dichas asociaciones. Un dato definitivamente interesante es que no se han observado riesgos mayores de cáncer en los niños con padres diagnosticados y tratados por un cáncer en la infancia.

«¿Cómo es tratar a un niño?», fue mi pregunta cuando ya llevábamos una hora llenos de cifras, datos y estadísticas. Sus ojos desvelaron la complicación: «La heterogeneidad de la edad pediátrica me enfrenta a lactantes y adolescentes, como te puedes imaginar es muy diferente la relación médico paciente según el tramo de edad», afirmó.

El niño pequeño como paciente es muy transparente, Antonio me contó que se nota inmediatamente cuándo se encuentra bien o cuándo empeora, los síntomas son muy llamativos. Necesita mucho el contacto con su familia.

Hay que ganarse su confianza a través de la paciencia y del cariño. Es un trabajo precioso pero a veces agotador. En cambio, el adolescente es un paciente complejo, por ser consciente de la situación. Generalmente, tiene mala tolerancia al tratamiento, con múltiples efectos adversos. El componente social y emocional tiene un peso enorme. Los equipos que tratan a estos pacientes cada vez son más multidisciplinares; es algo necesario.

Ya estábamos llegando a Barcelona, pero a mí me quedaba una pregunta. Antonio no me dejaba desviar la conversación, estaba interesado por esas células híbridas que yo postulaba como las responsables de la metástasis. A duras penas logré preguntarle, minutos antes de llegar: «¿por qué repites mil veces que el cáncer infantil no debe existir?». Entonces se le iluminó el rostro y me dijo: «Como decía Danny Thomas, ninguna persona debería morir en el amanecer de su vida».

Aplicando los conocimientos que hemos generado al estudiar el cáncer en adultos deberíamos ser capaces de eliminar el cáncer infantil. En este caso, la enfermedad no está ligada a factores ambientales o al envejecimiento. Los niños tienen menos alteraciones genéticas que los adultos, en ellos no se da el cáncer de colon, pulmón, próstata, o mama. Fundamentalmente, afecta a los tejidos de sostén. «Tenemos que poder erradicarlo», sentenció Antonio, y en ese momento anunciaron que entrábamos a la estación de Sans, en la eternamente bella Barcelona.

LA VIDA DE UNA TEORÍA FUERA Y DENTRO DEL LABORATORIO

«*En primer lugar acabemos con Sócrates, porque ya estoy harto de ese invento de que no saber nada es un signo de sabiduría*».

—Isaac Asimov, escritor estadounidense.

En Barcelona nos encontramos con viejos conocidos y fue especial la casualidad de coincidir con una de esas científicas que siempre he admirado por su tenacidad e inteligencia. Elisa Martí recibía el mismo premio que Antonio, nuestras vidas se habían cruzado dos décadas atrás cuando yo coqueteé, por muy poco tiempo, con algunos modelos de la biología del desarrollo donde ella era, y es, una referencia internacional. Dicen los amigos comunes que el acento nos unió, ella es canaria, creo que la conexión vino por una de esas cosas que la biología aún debe explicar. Cuando nos conocimos, yo había terminado mi doctorado y Elisa estaba recién aterrizada de una prolongada estancia postdoctoral en Harvard. Ella buscaba explicar cómo aparecían algunas estructuras cerebrales en los embriones y yo quería aprender las técnicas necesarias para estudiar el desarrollo del cerebro. En realidad, había sido una desviación puntual de mi interés por estudiar el sistema de defensa y su implicación en las infecciones y el cáncer; algo que rectifiqué en pocos meses, pero aquello sirvió para fomentar una amistad que siempre ha estado sazonada con discusiones científicas. En el café que ofrecieron después de los premios aproveché para contarle mi teoría a una Elisa que se emocionaba cual niña pequeña a la que le prometes jugar en el mar.

Miles de preguntas se sucedieron y terminé agotado tratando de responderlas todas. De vuelta a Madrid en el AVE, Antonio se percató de que no tendría oportunidad de hablar conmigo. Empleé las dos horas y media del trayecto en anotar todos aquellos puntos débiles que Elisa me hizo ver. Al día siguiente, una reunión con mi equipo transformó las preguntas sin respuestas en diseños experimentales.

Nuestra teoría sobre la metástasis no es perfecta. —Aún—, diría yo en un alarde de pedantería que suelo matizar con un par bromas. Exponer los datos a otros científicos, incluso a aquellos alejados del tema de trabajo, es enriquecedor. En aquella reunión planificamos una serie de pruebas para solventar las dudas de Elisa y hacer más fuerte la teoría. Lo mismo ocurrió cuando, semanas después, fui a Galicia para participar en la Escola Fonseca. —¿Qué es esto?— te estarás preguntando. Y te respondo ahora mismo. Un grupo de científicos gallegos, liderado por un amigo de batallas sobre políticas científicas, el doctor Castillo (o Pepe para quienes tenemos su teléfono privado), organiza anualmente dos ediciones de esta Escola Fonseca. En ella, un científico debe dar una conferencia y otro debe oponerse frontalmente a lo expuesto por el primero. Lo curioso es que el oponente solo conoce el nombre del ponente y el título de la charla, nunca el contenido. En la segunda edición anual, el científico que actuó como oponente en la primera será ponente y un nuevo invitado se opondrá a su exposición. Está claro que al conocer el nombre del ponente, el oponente puede hacerse una idea del tema, mas siempre es un ejercicio interesante donde, además, estarán las preguntas generadas por la audiencia, compuesta en su totalidad por científicos. Yo ya había sido oponente y me tocó cambiar de papel. Debo admitir que fui un villano, escogí como tema mi teoría de la metástasis, aún sin publicar, y titulé la charla *Más allá de la quietud*. Con ello, despisté a mi oponente, venida de Francia, quien, además, no trabajaba en el tema. No obstante, sus preguntas me hicieron sudar y, una vez más, coseché anotaciones para nuevos experimentos. De regreso a Madrid, otra reunión con mi equipo y más diseños experimentales se sucedieron. La misma historia se repitió muchas veces... luego de aquella conferencia en Manchester, el seminario que impartí en la Queen Mary University de Londres, la sesión en Fundación para la Investigación sobre el Derecho y la Empresa (FIDE), la charla que llamaron plenaria en el IMIB de Murcia y la conferencia con la que abrí la reunión europea de inmunología tumoral en Eslovenia. Así enriquecemos la ciencia, exponemos nuestros resultados, recibimos críticas e intentamos responderlas con nuevos experimentos que confirmarán o no la validez de nuestros postulados. A cada regreso, mi grupo se reúne y buscamos la aproximación experimental que se ajusta a las preguntas formuladas; se enciende el engranaje. En ocasiones, la pregunta se puede responder con experimentos simples donde ponemos a convivir células tumorales que ya tenemos congeladas en el laboratorio con células de las defensas extraídas de donantes sanos. Otras, tenemos que acudir a muestras directas de pacientes que aceptan que usemos los tumores que se les extraen para los experimentos. Tampoco se descarta generar modelos en animales para comprobar aquello que se torna imposible realizar en pacientes. Todo, absolutamente todo, regulado por estrictas y a veces demasiado estrictas, normas éticas de experimentación.

Sin embargo, nada es perfecto y la vida en un laboratorio nada tiene de idílica. Luego de aquella primera observación con los experimentos de Alexandra y durante años se sucedieron cientos de experimentos fallidos que, en más de una ocasión, hicieron tambalear los cimientos de esta teoría. Además de aquella becaria brasileña, muchos fueron los doctorandos y doctores que mostraron un rostro iluminado cuando les comenté el proyecto, la misma cantidad que, luego de un par de meses de resultados confusos, me pedían cambiar de tema porque aquello se quedaba en un callejón sin salida.

Pero algo me decía que debía insistir y, mientras engrosaba mi currículo con trabajos menores, seguía dándole vueltas a los diseños experimentales que a veces daban frutos y otras no. Era simple, si la teoría era cierta y la fusión de células tumorales y células del sistema de defensa genera un ente, el Caballo de Troya, que es el responsable de la metástasis, entonces lo primero que debemos hacer es ver si esta fusión hipotética ocurre en las condiciones controladas de un laboratorio. Para ello, como ya te he contado, poníamos a convivir tumores con células del sistema inmunológico de donantes sanos, a veces veíamos algunos híbridos y otras no. Algo descontrolábamos. Luego pensamos que esa fusión solo ocurriría si las células del tumor y de las defensas provenían del mismo paciente. Tampoco tuvimos éxito... y así, probamos otras decenas de ideas y la fusión aparecía solo a veces. Pero aparecía, y esto me daba energías. El proceso se da, pero algo hace que no ocurra siempre. ¿Qué se necesita? Una mañana mientras revisaba el email y me ponía al día con lo que se estaba publicando, el resumen de un trabajo científico no muy reciente me llamó la atención. Los autores exponían que el número de células madre en un tumor se correlacionaba con la aparición de la metástasis. Estas son unas células que tienen capacidades asombrosas de transformarse y resistir a condiciones adversas. En otras palabras, aquel trabajo venía a decir que, a mayor cantidad de células madre en el tumor, más probabilidades de que aparezca la metástasis. Esto encendió una chispa. En nuestros experimentos para comprobar que existían las células híbridas habíamos usado tumores; sin embargo, nunca controlamos la cantidad de células madre que tenían. ¡Eureka! Transformamos el diseño, cambiamos los tumores por células madre de tumores y mantuvimos las células de las defensas. Fue entonces cuando aparecieron las células híbridas en las pantallas de todos los equipos que usamos para determinar su presencia. Los Caballos de Troya aparecían, eran pocos, pero allí estaban. Y lo mejor de todo, cada experimento que hacíamos tenía el mismo resultado. ¿Recuerdas la importancia de la replicación de los experimentos? A partir de ese momento, el equipo se dedicó a conocer profundamente estas células, los híbridos o Caballos de Troya. Vimos que, además de existir, son capaces de migrar de un órgano a otro, invaden, burlan los controles que imponen las defensas, son resistentes a medios hostiles y pueden crecer indefinidamente formando tumores. Con estos resultados, hablamos con oncólogos y cirujanos, necesitábamos comprobar su existencia en muestras de muchos pacientes. Así fue. Cristóbal Belda, Javier de Castro y Ramón Cantero-Cid se sumaron al equipo; los dos primeros, grandes oncólogos; el tercero, el mejor cirujano que ya colaboraba con nosotros en el proyecto de la microbiota y el cáncer colorrectal. Y en medio de todo aquello, otra llamada, otra amiga, una duda.

EL VIRUS DEL PAPILOMA HUMANO Y SU RELACIÓN CON EL CÁNCER

«El espíritu presiente, las ciencias ratifican».

—José Martí, poeta cubano.

Alba no se llama Alba. Será el pseudónimo que utilizaré para nombrar a una amiga que, preocupada, me consultó sobre un tema que a veces tiene un peso social. Ella es una mujer dedicada a su profesión, sin pareja estable y con una vida sexual activa. Aquella mañana yo estaba terminando una reunión con Ramón, el cirujano, cuando recibí su llamada. Alba no es de las que llaman por gusto y menos un martes a las 10. «¿Si te envío una foto de una verruga que tengo en un sitio comprometido podrás decirme qué es?», esas fueron las palabras que escuché después de un «hola» que sonó apagado. Quienes trabajamos en la sanidad somos dianas de consultas, algunas estrafalarias, por parte de amigos, familiares, conocidos y hasta desconocidos. En mi caso, nunca han funcionado las frases —recuerda que no soy médico—, —jamás he pasado una consulta— o —soy científico, nada más—. El hecho de trabajar en biomedicina y más aún si tu laboratorio está en un hospital te convertirá, de por vida, en el blanco de todas las preguntas posibles de salud. «Pásamela si quieres y consulto a algún dermatólogo», fue mi respuesta. Mi amiga estaba aterrorizada, detectó la presencia de una verruga en sus genitales y la búsqueda en internet no ayudó. En su mente apareció el virus humano del papiloma y toda su relación con los tumores. Sin embargo, el VPH, así conocido por las siglas que lo identifican, es la infección de transmisión sexual más común. Es un virus distinto al VIH o al que provoca los herpes. Es tan común que casi toda la población sexualmente activa lo contrae en algún momento de su vida. El problema está en que de los cientos de tipos existentes, algunos pueden causar problemas de salud, como verrugas genitales y cánceres. Contraer el VPH es fácil al mantener relaciones sexuales con una persona que tenga el virus, ya sean orales, vaginales o anales. Según las estadísticas, se transmite con mayor frecuencia durante las relaciones vaginales o anales y el contagio puede darse incluso cuando la persona infectada no presenta signos de tenerlo. El hecho de que los síntomas pueden aparecer años después del contagio, dificulta saber cuándo y con quién ocurrió la infección.

En la mayoría de los casos, el VPH desaparece por sí solo y no causa ningún problema de salud. Pero cuando no lo hace vienen los problemas. Generalmente, las verrugas genitales aparecen como pequeños bultos o grupos de bultos en la zona genital y pueden causar o no, cáncer de cuello uterino, de vulva, vagina, pene o ano. También se ha reportado la aparición de tumores en la parte de atrás de la garganta, en la base de la lengua y las amígdalas relacionado con el VPH. Los estudios realizados en las poblaciones afectadas indican que el cáncer generalmente puede tardar años, incluso décadas, en aparecer después de que una persona haya contraído el VPH. La mala noticia es que no sabemos a ciencia cierta quiénes presentarán cáncer u otros problemas de salud al infectarse con el VPH. Una vez más, la debilidad puntual del sistema inmunológico aumenta las probabilidades de presentar complicaciones.

¿Se puede evitar? Todo parece indicar que la vacuna contra el VPH es segura y eficaz. Su acción protectora ha sido demostrada en hombres y mujeres. Sin embargo, una gran parte de la población ya está infectada y las recomendaciones para la vacunación no están del todo establecidas, aunque el consenso apunta a que la población infantil con edades entre 11 y 12 años deberían hacerlo. Esta recomendación se puede extender hasta los 26 años, con independencia del sexo y la orientación sexual. En cualquier caso, el uso correcto de un condón de látex durante las relaciones sexuales disminuye significativamente el riesgo de contagio. Pero recuerda que el VPH puede infectar zonas que no están cubiertas por el condón y esto puede ser un problema.

Una visita al médico y un par de pruebas determinaron que aquello era una falsa alarma y Alba continúo su vida tomando algunas medidas de seguridad durante sus relaciones sexuales. La tarde en que le dieron los resultados me invitó a un té que había traído de Marruecos y fue una oportunidad perfecta para que se sucedieran otra decena de preguntas cuyas respuestas engrosarían su acervo científico-cultural. Mi amiga sabía que en algunas mujeres de su familia habían tenido cáncer cervical, a pesar de lo cual nunca había prestado atención al tema. Intenté informarla lo mejor posible. Es importante recordar que vacunarse contra la infección de VPH puede protegerte del cáncer cervical. Para las que no estén vacunadas, la mayoría de los casos de cáncer cervical son ocasionados por cepas de VPH que no suelen causar verrugas, esto dificulta percatarse de una infección. Además, las fases tempranas del cáncer cervical no suelen desarrollar signos ni síntomas. Con el tiempo, las infecciones repetidas de ciertas cepas pueden producir lesiones precancerosas. Si no se tratan, pueden volverse cancerosas. Aquí radica la importancia de las pruebas regulares. Las mujeres deben realizarse con regularidad el Papanicolaou, un examen capaz de detectar los cambios en el cuello del útero con potencialidad de convertirse en cáncer. Según los expertos en el tema, se recomienda que las mujeres de 21 a 29 años se realicen un Papanicolaou cada tres años. Cuando se arriba a los 30 y hasta los 65 años deberían seguir realizándose un Papanicolaou cada tres años, o cada cinco años si se hacen el análisis genético de VPH al mismo tiempo. En el caso de las mujeres de más de 65 años pueden dejar de hacerse análisis si han tenido tres Papanicolaou normales seguidos, o dos análisis genéticos de VPH y Papanicolaou con resultados negativos. Parece un trabalenguas, ya lo sé, pero si estás en ese grupo social puede ayudarte a evitarlo.

EL TEMIDO TRIPLE NEGATIVO DE MAMA

«El cáncer no es más amenaza que subir a un coche, a un tren o a un avión».

—Luz Casal, cantante y compositora española.

En aquella charla con Alba hablamos de Miguel, mi amigo fallecido a causa del glioblastoma, y también de Thalía y su magnífica evolución luego de la operación. Esto derivó en la predisposición según el sexo. Cuando abordamos los tumores más frecuentes en la población femenina, inmediatamente pensamos en un sitio, la mama. Dos personas cercanas lo habían sufrido con evolución diferente, pero el número se multiplica si incluimos a conocidas, compañeras de trabajo y vecinas. Los senos de las mujeres han sido diana de tumores desde que se tiene constancia de la existencia del cáncer. Muchas historias y recreaciones de verdades sin confirmar se han escrito sobre soberanas de la antigüedad que sangraban por sus pezones y ocultaban aquello que su poder no podía curar. Se dice que la extirpación total o parcial de los senos comenzó en tiempos remotos. Lo cierto es que un grupo de españoles capitaneados por el antropólogo forense Miguel Botella, catedrático de la Universidad de Granada, encontró una evidencia de cáncer de mama en una mujer que murió cerca de sus cuarenta, cuando corría el año 2000 antes de nuestra era. La momia fue descubierta en el sur de Egipto, río Nilo abajo, en la ciudad de Asuán.

El diagnóstico ha sido cáncer de mama con metástasis completa hacia el tejido óseo. Es, probablemente, el caso documentado más antiguo. «Tuvo que sufrir muchísimo», recuerdo haber leído que decía Botella en una entrevista a raíz del descubrimiento. Se conjetura que la enferma estaba en una situación de extrema fragilidad, sufriendo fracturas óseas con alta frecuencia. Por aquel entonces la medicina ni siquiera usaba pañales, quizá el consumo de opio sirvió para paliar los fuertes dolores que debió sufrir en los últimos momentos de su vida. Si seguimos rebuscando en el devenir de la humanidad, nos percatamos de múltiples casos ocurridos en la clase dominante, razón por la que se documentaron de alguna manera. La historia dilatada del cáncer de mama ha propiciado la existencia de un arsenal considerable para tratarlo. Hoy sabemos que el cáncer de mama se cura en alrededor de un 90 % de los casos, el número varía en dependencia de las afectaciones de los ganglios y de su extensión a órganos lejanos. De hecho, como ya te comenté, si el cáncer se encuentra solo en la mama, la tasa de supervivencia relativa a 5 años se eleva al 99 %. Pero hay un tipo temido: el triple negativo.

Para entenderlo quizá es conveniente explicarte que los tres tipos de tumores de mama más frecuentes son: los estrógeno positivo, los HER2 positivos y los progesterona positivos. ¿Esto qué quiere decir? Que cada de uno de ellos pueden ser tratados siguiendo estas características. Es como si conociéramos los puntos débiles de un enemigo y desarrollamos armas aprovechándolos. Pero el triple negativo es justo lo contrario. No tiene ninguna de esas «puertas de entrada» que los hace vulnerables. El tratamiento se dificulta y la opciones se reducen en estos casos. Según el conocimiento acumulado sobre este tipo de cáncer todo parece indicar que el riesgo de que aparezca es mayor en personas obesas e inactivas. También la genética influye, así como la edad, pues se ha descubierto que las mujeres premenopáusicas desarrollan cáncer de mama triple-negativo con más frecuencia que las posmenopáusicas. Por otra parte, se ha detectado un desproporcionado número de casos en mujeres afroamericanas.

En el IdiPAZ, mi instituto de investigaciones, invitamos a uno de los mejores especialistas en este campo a darnos una charla sobre el tema. Joaquín Arribas aceptó y nos contó en una conferencia magistral los últimos avances, que se resumen en mucha investigación a nivel de modelos experimentales y poco, aún muy poco, en ensayos clínicos. «Falta encontrar algo que las identifique sin equivocación», me dijo mientras me enseñaba los resultados que acababa de publicar en otro tipo de tumor de mama, el HER2 positivo. Él y los suyos habían logrado dirigir a las defensas hacia esas células tumorales y así destruirlas. «Necesitamos un dirección para guiar al sistema inmunológico a los tumores triples negativos», me decía con expresión pensativa.

En otra ocasión, me invitaron al Instituto Murciano de Investigación Biomédica, el IMIB, para dar una charla sobre metástasis y mi teoría, la que ya te expliqué. Al terminar, me fui a comer con los organizadores del evento y a mi izquierda se sentó un joven Jefe de Servicio de Oncología, especialista en cáncer de mama, quien me acribilló a preguntas sobre las potencialidades terapéuticas de lo que habíamos descrito. En un breve momento de silencio aproveché para preguntarle sobre la estrategia que seguían con los tumores de mama triples negativos. Su rostro cambió: «intentamos incluir todos los casos en ensayos clínicos abiertos», fue su respuesta. Debido a la gran cantidad de células del sistema inmunológico existentes en los tumores de mama triples negativos, estos se perfilaban como los grandes candidatos para la inmunoterapia basada en los anticuerpos anti-PD-1 y anti-PD-L1, lo que ya te comenté cuando hablaba de los *immunocheckpoints*, tan exitosa en melanoma y cáncer de pulmón. Sin embargo, no ha sido así. De hecho, algunos ensayos clínicos han sido suspendidos por falta de respuestas de las pacientes incluidas en el estudio. ¿Qué sucede? ¿Falla la inmunoterapia? No lo creo, está claro que en estos tipos de tumores donde la presencia de las células del sistema de defensa es tan evidente, la solución viene de la mano de la inmunoterapia. La cuestión es que aún no hemos encontrado el *immunocheckpoint* adecuado que debemos inhibir para que las defensas vuelvan a realizar su función. Hay que encontrarlo. Muchos laboratorios están intentándolo. ¿Quieres un dato curioso? El cáncer de mama puede aparecer en hombres, es poco frecuente pero se ha reportado.

EN HOMBRE, LA PRÓSTATA Y LA VEJIGA

«Sábete, Sancho, que no es un hombre más que otro si no hace más que otro».

—Miguel de Cervantes, escritor español.

Un día iba yo paseando entretenido con un par de amigos por Madrid Río. Esta es una fantástica zona de la capital española donde se puede patinar, montar bicicleta, hacer ejercicios o simplemente andar..., todo al lado del no muy caudaloso río Manzanares. De pronto, una cara me resultó familiar dentro del cuadro de personas anónimas que nos encontrábamos. Marta Dueñas era la científica con más acervo experimental que conocía en mis tiempos de estudiante de Física Nuclear y aprendiz de biotecnólogo en La Habana. Ella había estudiado Biología en la Universidad de aquella ciudad e hizo su tesis doctoral en la fría Suecia; nuestros caminos no se cruzaban desde que dejé Cuba. Y allí estaba, con la misma sonrisa inteligente. Los dos vivíamos en Madrid, trabajábamos en el mismo campo de investigación... pocos meses después empezamos a colaborar.

El interés de Marta se centraba en la búsqueda de marcadores de evolución y pronóstico en tumores de próstata y vejiga. «Flaco, quiero meterme más con la respuesta inmunológica», fueron sus palabras mágicas para continuar una amistad personal y científica, interrumpida durante dos décadas por las migraciones y otras necesidades, ajenas al tema de esta conversación contigo, lector.

La próstata es una glándula ubicada debajo de la vejiga de los hombres y produce el líquido para el semen. El cáncer en este órgano es común en hombres de edad avanzada, muy raramente aparece cuando aún no se superan los 40 años, en tanto el riesgo aumenta cuando se sobrepasan los 65 años. Los síntomas son varios, por ejemplo: problemas para orinar, dificultad para iniciar o detener el flujo de orina o goteo, dolor en la parte baja de la espalda o cuando se eyacula. Usualmente, para diagnosticar el cáncer de próstata se realiza un tacto rectal buscando algún bulto. Es aconsejable que se realice un análisis para determinar los niveles de PSA, un antígeno prostático específico. Si estuvieran altos, habrá que realizar otra serie de exámenes para determinar si se debe a un tumor o a un proceso inflamatorio no relacionado con este tipo de patología. El tratamiento suele depender de la etapa del cáncer y esto se determina sabiendo cuán rápido el tumor está creciendo y cuán diferente se ve el tejido alrededor de la glándula. Existen varias opciones y no todas son válidas ni funcionan en todos los casos. En ocasiones, solo se recomienda una observación y vigilancia médica sin tratamiento. Sin embargo, en otras, se acude a la cirugía, radioterapia, terapia hormonal y quimioterapia.

Cuando se aplica la terapia hormonal se reducen los niveles de las hormonas masculinas, los andrógenos, y esto evita el crecimiento de las células cancerosas de la próstata. Ya se sabe que los andrógenos estimulan el progreso de estas células. Sin embargo, la terapia hormonal por sí sola no cura el cáncer de próstata, en cambio tiene una gran cantidad de efectos secundarios entre los que se encuentran: reducción o ausencia de deseo sexual, disfunción eréctil o impotencia, reducción del tamaño de los testículos y el pene, osteoporosis (adelgazamiento de los huesos con las consiguientes fracturas de huesos), pérdida de masa muscular y depresión. Todo esto hace que sea urgente encontrar otra forma de tratar el cáncer de próstata. Sé que te estarás haciendo una pregunta: ¿Y la inmunoterapia? Las clásicas no funcionan, esas que hacen maravillas en los tumores del pulmón, no funcionan en la próstata. Hay que buscar otras. De hecho, este es el camino que se está siguiendo y, en el caso de quienes desarrollan metástasis con mayor ferocidad se ha encontrado un escollo para activar el sistema inmunológico, pero aún no se ha podido trasladar a un ensayo clínico.

Un par de semanas después de aquel encuentro casual por Madrid Río, Marta y yo nos reunimos en su laboratorio del Centro de Investigaciones Energéticas, Medioambientales y Tecnológicas (CIEMAT), lugar donde, a pesar de su nombre, se hace mucha investigación biomédica. Las ideas brotaban como suele pasar cuando dos personas que aman lo suyo se ponen a crear. Un año más tarde, una revista especializada daba luz verde a un trabajo que, bajo la égida de Marta, logramos realizar en tiempo récord y con la participación de varios equipos. Aunque al principio pensamos trabajar juntos en próstata, unos experimentos preliminares nos llevaron por otro camino. Por esa razón, el foco de nuestro primer trabajo en colaboración estaba puesto en lo que está justo encima de la próstata en los hombres y de la uretra en las mujeres, la vejiga. Este órgano hueco y en forma de globo es capaz de agrandarse o achicarse en dependencia de la cantidad de orina que tenga que albergar antes de que se evacúe. El cáncer de vejiga es más frecuente en hombres que mujeres, los números dicen que en el sexo masculino es hasta cuatro veces más común que en el femenino.

Todo parece indicar que la mayoría de los casos de cáncer de vejiga, hablamos de más de un 70 %, se puede atribuir al consumo de tabaco. Otra causa parece estar en las exposiciones ocupacionales, como el caso de los trabajadores expuestos a gomas, tintes, pinturas, metal, cueros, o bien de mineros y conductores. Otros factores de riesgo conocidos son la infección crónica por el *Squistosoma haematobium,* frecuente en el norte de África, así como las infecciones crónicas del tracto urinario. A pesar de que yo soy un negado a beber café, no puedo decir que haya datos concluyentes sobre su contribución a la ocurrencia de esta patología tal y como se ha publicado en varios artículos que pululan por internet.

La historia que rodea el tratamiento más frecuente aplicado en el cáncer de vejiga es, cuando menos, curiosa y mucho tiene que ver con la inmunoterapia, aunque no tal y como te la he ido presentando en este libro. Todo empezó en la primera década del siglo XX y con algo alejado del cáncer. Por aquel entonces la tuberculosis era un serio problema de salud sin solución. Fue cuando el médico francés Léon Charles Albert Calmette observó que inyectando en ganado bovino bajas dosis de una de las bacterias causantes de la enfermedad, llamada *Mycobacterium bovis*, se producía la acumulación de esta en el mesenterio de las reses sin que se desarrollara la tuberculosis. ¿Qué es el mesenterio? Para evitarte encender el móvil y buscar en Wikipedia, ya te lo digo yo. Es una delgada lámina de tejido conformada por dos capas que une el intestino delgado con la pared abdominal. De aquella observación sospecharon que alguna sustancia del lugar inactivaba a la bacteria y la convertía en inocua. A partir de esa fecha, Calmette, con la ayuda del veterinario Jean-Marie Camille Guérin, inició una serie histórica de experimentos en el Instituto Pasteur de Lille, en el norte de Francia. Ambos cultivaron una cepa virulenta de *Mycobacterium bovis* en presencia de bilis de buey. La cepa que creció en este medio fue traspasada a un medio de cultivo fresco una y otra vez cada tres semanas durante... ¡13 años! Hacia 1921, después de 230 traspasos y luego de inyectar a un voluntario sano 44 000 bacterias, los dos investigadores estaban convencidos de haber desarrollado una bacteria, también llamado bacilo, inocua para el hombre, creando de esta manera una vacuna contra la tuberculosis. Ese año se usó en el Hospital de *La Charité* en París y en 1924 la vacunación de recién nacidos se realizó a gran escala en Francia y otros países de Europa. ¿Y qué tiene que ver esto con el cáncer de vejiga? No desesperes, recuerda que estos investigadores tuvieron que esperar 13 años para ver el éxito de su idea inicial. El efecto antitumoral de la tuberculosis se conoce desde 1929. Los científicos somos personas atentas a esos mínimos detalles que se suelen pasar por alto. Realizando un estudio *post mortem* y haciendo números, por aquel entonces se percataron de que la incidencia de cáncer era significativamente menor en pacientes fallecidos a causa de la tuberculosis. Es decir, la presencia de lo que ya era llamado como el Bacilo *Calmette-Guerin* o BCG, podría usarse para bloquear el progreso de algunos tumores. Algo que se usaba para vacunarnos contra la tuberculosis podría tener otro uso terapéutico. Ya en 1976 los científicos Morales, Eidinger y Bruce logran establecer el nexo entre el BCG y el cáncer de vejiga. Desde entonces, el BCG se ha convertido en el tratamiento de elección en algunos tipos de tumores de vejiga, retrasando la tasa de recurrencia, aumentando la vida libre de enfermedad y disminuyendo su progresión. Todo parece indicar que este bacilo logra reactivar la respuesta inmunológica aumentando la actividad antitumoral local. No obstante, hay mucho que hacer aún en este campo. El trabajo en el que participamos con mi amiga Marta puso otro grano de arena en la búsqueda de una solución, al identificar un mecanismo molecular mediante el cual las células tumorales reeducan a las defensas, haciendo que estas olviden su labor inicial: defendernos.

EL ALTA DEL PACIENTE ONCOLÓGICO

«No hay nada como un sueño para crear el futuro».

—Víctor Hugo, escritor francés.

Una noche de domingo estaba terminando de organizar el día siguiente. Los lunes comenzamos la semana con un seminario seguido de una reunión del grupo de investigación. Aunque pocas veces me toca hacer alguna presentación en este foro, sí me gusta prepararme para el encuentro. Por una parte, hago un listado de las cosas pendientes y experimentos que se programaron pero cuyos resultados aún no tengo. Por otra, estudio algunos artículos importantes de reciente aparición. Por lo general, durante el fin de semana la mayoría de los miembros del equipo envían una revisión bibliográfica de lo más significativo publicado durante los últimos siete días sobre los temas afines con el laboratorio y que discutiremos en la reunión. Aunque intentamos evitarlo, es casi una regla que Luis Aguirre o Luiso, el segundo al mando en mi grupo, y yo, nos llamemos sobre las 9 PM para ajustar criterios sobre los temas que trataremos. Inmerso en esta tarea, percibo la vibración de mi móvil, pero esta vez no era Luiso sino Didier, la pareja de mi amiga Thalía. «Tengo una pregunta para ti», anunció, e inmediatamente me la hizo: «¿Cuándo le darán el alta a Thalía? ¿Cuándo estará curada?». Siguiendo su sentido de humor le respondí con un «Son dos preguntas y me dijiste que sería solo una».

El aumento de la supervivencia y los avances en el tratamiento de los diferentes tipos de cáncer vuelven imprescindible el estudio de las complicaciones tardías de las terapias oncológicas. Esto permite un mejor seguimiento clínico de los supervivientes y el perfeccionamiento de los tratamientos posenfermedad. Como te he ido comentando, el tratamiento del cáncer o la propia patología tienen consecuencias para la salud que a veces son temporales pero en ocasiones se cronifican. Como casi siempre, la probabilidad de su aparición dependerá del tipo de cáncer sufrido, la localización del tumor, el tratamiento específico recibido, la dosis administrada y, por supuesto, del estado general de salud de la persona. El paciente oncológico debe aprender a convivir con las secuelas que la enfermedad y el tratamiento les dejan. Esto último contribuye a la existencia de períodos largos de seguimiento antes de que aparezca la palabra «alta». Incluso luego del alta médica definitiva, existirán pruebas periódicas aconsejables. Dependiendo del tipo de cáncer y la evolución que haya tenido el paciente, el período de seguimiento tendrá una duración u otra y siempre se contará en años. El temor a una recaída es algo que se mantiene en la recámara, eso sin contar los efectos secundarios en otros órganos que pudieron haber ocasionado la enfermedad y el tratamiento. No es prudente hablar de una cantidad de tiempo determinada, tan solo la dinámica evolutiva de cada paciente marcará la pauta a seguir.

Didier no se quedó convencido con mi explicación, entiendo que las personas quieren respuestas concretas, algo cuantificable en horas, días, semanas o años. Pero la biomedicina no es del todo precisa. He de decir que esto sigue siendo algo que me saca de quicio. Vengo de la física y las matemáticas, donde lo más impreciso se calcula en términos de probabilidad y termina siendo un número interpretable. Lamentablemente, queda aún mucho camino por recorrer para dar con la precisión que exigimos en este campo.

¿Y SI ESTO ES UN PASO EVOLUTIVO?

«Si no hay dudas, no hay progreso».

—Charles Darwin, naturalista inglés.

Para terminar este viaje que hemos hecho juntos te propongo jugar a ser científico. Con lo que has aprendido, pensemos. El cáncer es un proceso en el que las células de nuestro cuerpo se vuelven cada vez más simples con el único propósito de crecer indefinidamente, y convertirse en inmortales. Con esta premisa, es incongruente que se provoque la muerte de la persona que lo padece. El cáncer se presenta como una solución para eternizar las unidades que conforman el cuerpo, pero en ese empeño el ser humano tropieza con su fin. Si logramos abstraernos, para lo cual sería conveniente dejar de pensarnos centro del universo, con la aparición del cáncer la naturaleza intenta forzarnos a dar un paso evolutivo. ¿Cómo es posible que un paso evolutivo nos haga morir? Esto ha sido el ABC de la historia natural en nuestro planeta. La adaptación al medio es el éxito de una especie y la Tierra ha presenciado cómo unas han sobrevivido y otras sucumbido a las adversidades.

Desde que Darwin postulara su teoría para explicar la evolución de las especies hasta hoy, su veracidad no ha podido ser puesta en tela de juicio. Como siempre digo: demasiados datos a favor. Pero antes de seguir, recordemos las bases de la teoría de la evolución. A grandes rasgos, pero sin faltar a la verdad, con esta teoría el naturalista inglés postuló que los seres vivos no aparecen por generación espontánea ni mandato divino. Por el contrario, tienen un origen y van cambiando poco a poco. En el transcurso de la historia natural, las transformaciones que van apareciendo debido a mutaciones que se seleccionan pueden provocar que, partiendo de un ser vivo, o ancestro, surjan otros dos distintos, dos especies. Ellas serán lo suficientemente distintas como para poder reconocerlas por separado como entes diferentes. También se puede dar el caso de que una especie dé lugar a otra desapareciendo la primera. Estos cambios paulatinos se conocen como evolución, pues el ser vivo cambia, se transforma en algo distinto. Por lo general, se piensa que una condición natural fuerza a que se produzcan cambios en una especie. Un ejemplo hipotético podría ser que, por un accidente natural, desaparezca la comida que una especie adquiría directamente del suelo y, sin embargo, existan alimentos en las ramas de los árboles. ¿Qué pasaría? Al contrario de un concepto muy extendido, la especie en cuestión no elongaría su cuello y transmitiría este cambio a sus descendientes. Lo más probable en este caso es que la especie desaparecería y solo tendrían oportunidad de sobrevivir aquellos ejemplares que, por alguna mutación fortuita, tuvieran el cuello más largo y se puedan alimentar. Siguiendo este razonamiento ¿qué es exactamente el cáncer? A lo largo del libro te he ido sumergiendo en un mundo de conceptos, datos, estadísticas, definiciones, hipótesis y teorías. Y en todo momento he ido avalando mis palabras con la solidez que, a día de hoy, me proporciona la ciencia. Ahora bien, ¿qué sería la ciencia sin la especulación? Por ello, especulemos juntos, subrayando que es justamente eso: una especulación.

Según lo que conocemos, las células tumorales se saltan los controles que evitan una proliferación descontrolada. Puede pasar que en las sucesivas divisiones vayan ocurriendo errores al replicar el material genético y algunos de estos lleven a la aparición de una mutación que permita el descontrol. ¿Y qué significa ese «descontrol»? Recordemos que la célula tumoral se simplifica, pierde su especialización de origen, prolifera sin freno y sobrevive en condiciones adversas entre las que podemos enumerar: falta de oxígeno, presencia de radicales libres y toxinas, etcétera. Esto llama la atención, es lo mismo que ocurre con las especies, pero a nivel celular. Aquella célula con la mutación más propicia sobrevive a los controles, se adapta al medio y prolifera indefinidamente. Pero el mundo microscópico, en el que se mueven y existen las células, entra en contradicción con el macroscópico, en el que viven los seres formados por las células. Mientras que en el primero se seleccionan como ganadoras a las células tumorales, dada su capacidad de simplificarse para centrar toda su energía en sobrevivir y proliferar, los órganos en los que esto ocurre dejan de cumplir sus funciones y el organismo muere. Si entráramos en el olvidado terreno de la filosofía esto sería una contradicción exquisita para la discusión: la inmortalidad de uno de los elementos lleva a la muerte del conjunto.

Una vez servido el debate, me gustaría desplazarnos hacia algo más atrevido. Está medianamente claro que, sea por una causa u otra, las células tumorales son capaces de adaptarse mejor al medio; ellas constituyen una población ganadora. Incluso sabemos que se van adaptando para mantener su perfil triunfal. ¿Llegará el momento en que este éxito sea capaz de trasladarse al organismo en cuestión? Es decir, ¿podría existir un ser tumoral? La pregunta, aunque suena a ciencia ficción, puede tener cierto recorrido científico y, al menos a mí, me hace pensar desde hace décadas. La fuerza natural empuja a que se escojan aquellas células capaces de transformase en tumorales, pero esto, por lo general, ocurre en las edades en que el organismo compuesto por estas células no tendrá grandes oportunidades de transmitir la transformación. Según las estadísticas españolas, la incidencia de cáncer en las edades fértiles se mueve alrededor de un 2 %, esto se incrementa dramáticamente cuando las personas dejan atrás su época reproductiva. Lo cual es lógico debido a que, en gran parte, la aparición de los tumores se debe a una acumulación de errores en las divisiones celulares. Por otra lado, el propio hecho de que seamos una especie inteligente nos hace combatir la aparición del cáncer desde sus prolegómenos, evitando de esta manera que se establezca un «ser tumoral». Esta idea se torna difícil de digerir por el propio hecho de sentirnos centro de un universo que, en realidad, no nos tiene como centro de nada. La especie humana es una más en el devenir de la historia natural en la que nuestra existencia se resume en un suspiro corto y, como todas, está sujeta a la evolución y los procesos de selección. Por ello, no es del todo descabellado pensar que estamos presenciando algunos intentos de adaptación que, de no estar tan intervenidos por los frenos que ponemos, nos podría hacer «evolucionar» hacia algo distinto, adaptado a un ambiente con altos contenidos de radicales libres, menos oxígeno y más toxinas. No olvidemos que, según algunos postulados modernos, en la base de la evolución hay procesos de fusión, ¿te acuerdas de la explicación de la metástasis?

Seamos científicos. Por muy cinematográfica que resulte la idea, debemos analizarla desde un punto de vista racional. Si pensamos con algo de detenimiento, esta hipótesis hace aguas por algunos flancos. De ser cierta, lo mismo debería estar ocurriendo en otras especies que no han desarrollado la inteligencia y capacidades de los humanos de luchar, con medicinas y tratamientos, por la prolongación de su ciclo vital. Es decir, en algunos animales deberíamos estar observando una transformación debida a la aparición de tumores que podría hacer sucumbir la especie o llevarla hacia un ente diferente, más adaptado. Sin embargo, esto no lo estamos presenciando o quizá se nos está escapando. Si bien es cierto que una gran cantidad de especies no llegan a la longevidad de los humanos y, por ello, no se pueden dar las mismas condiciones en las que las células se van adaptando y seleccionando. Existen otras, por ejemplo los elefantes, con una esperanza de vida algo semejante a los humanos, se estipula que en libertad pueden alcanzar los 70 años. Sin embargo, en ellos es una rareza la aparición de tumores. Ya los científicos nos hemos fijado en ello. Curiosamente, todo parece indicar que mientras los humanos tenemos una única copia de un gen que vela por que no haya proliferación descontrolada, el famoso p53, en los elefantes existen hasta 20 copias de este gen protector contra tumores. Esto hace que el control antitumoral en ellos sea 20 veces más estricto que el nuestro. Probablemente algo que aún desconocemos forzó la presencia necesaria de este gen en los elefantes y, al final, ha servido para que no sufran de tumores. Por ello no nos sirve de contrapunto comparativo para evaluar la falsedad de lo que estamos planteando. Todo esto, unido al hecho de que no ha sido de gran interés el estudio de la incidencia de cáncer en otras especies, dificulta rechazar completamente la hipótesis. Aunque esté lejos de poder postularse como posible, merece la pena hacer funcionar el cerebro y nunca es demasiado tarde para hacerlo.

Alguna vez que he planteado a algún científico esta hipótesis, a nivel de conversación durante un té, porque yo no bebo café, el escepticismo siempre ha sido máximo. Mi colega y segundo al mando del laboratorio, Luis Aguirre, más de una vez me ha comentado: «... hay que estar muy abierto para estar darle crédito». Según Luiso, dado que existen más de cien tipos de cáncer, es poco probable que un mecanismo evolutivo darwiniano se ponga en marcha desde tantos tipos diferentes de origen. Por otra parte, las incidencias del cáncer han sido rastreadas en algunos de nuestros ancestros evolutivos más directos, como en neandertales y australopitecos. Es el momento en que yo cargo baterías y me pongo a rebatirle cada uno de los puntos discordantes.

Y luego de todo esto ¿qué? Probablemente estés pensando: «¿Para qué sirve ponerse a pensar sobre esta posibilidad?». ¿Resolverá el problema que causa la aparición del cáncer? ¿Lo curaremos? ¿Merece la pena malgastar el tiempo de esta manera? Nunca sabemos detrás de cuál puerta está la respuesta a una pregunta crucial para la humanidad. Cometemos un error cuando coartamos la imaginación en aras de una supuesta focalización. Más de una vez he notado el escepticismo al comentar la oportunidad de investigar fenómenos supuestamente alejados de los problemas diarios que los humanos tenemos. Sin embargo, ¿sabes de dónde salió algo tan útil como la tecnología que está detrás de la Tomografía Axial Computarizada o TAC? Te lo respondo: de investigar la antimateria. ¿Sabías que la posibilidad de abrir una puerta o encender una luz con solo movernos surgió de aplicar un fenómeno de la Física Cuántica? ¿O que la extremadamente útil wifi se desarrolló debido a una necesidad generada en los viajes espaciales? Pero vamos a algo incluso más actual. Parece ser que lo que llamamos «corta y pega genético», algo que te comenté anteriormente, se vislumbra como una tecnología que podrá resolver una gran cantidad de problemas de salud entre los que se incluye la predisposición a padecer algunos tipos de tumores. Recuerda que mediante estas técnicas se puede editar el material genético, quitando los genes con errores y remplazándolos por los correctos, tal y como hacemos cuando editamos un texto en el ordenador. Una de estas técnicas se descubrió en un laboratorio de Alicante, cuando el microbiólogo Francis Mojica estudiaba el material genético de una bacteria oriunda de Doñana… «¿Por qué invertimos tiempo y dinero en semejantes proyectos?», diríamos con aires de saberlo todo. Porque nunca sabemos, me repito, detrás de qué puerta está la respuesta a la pregunta más importante.

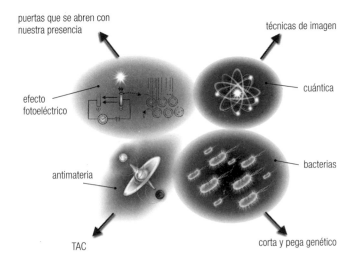

Figura 9. Aplicaciones prácticas de la ciencia en nuestro día a día.

EPÍLOGO

*«Las palabras nunca alcanzan
cuando lo que hay que decir desborda el alma».*

—Julio Cortázar, escritor argentino.

Han pasado varios años desde aquella llamada de Thalía que, por supuesto, no responde a ese nombre, y aunque libre de la enfermedad aún se mantiene con revisiones periódicas. Muchas veces han sido las que hemos hablado de aquel tiempo y las dudas siempre aparecen. Ella mantiene su proyecto familiar con Didier, sin la presencia del hijo deseado que la enfermedad truncó. Jacinta ha desarrollado su carrera de periodista y sigue apostando por vivir, aunque el alta médica no está entre sus documentos aún. Alguna vez quedamos en verano a pesar de las olas de calor que azotan la capital española. Patricia y Miguel no están, con ellos la ciencia llegó tarde. Juancho juega menos que cuando salió del hospital y su vida está plena de las contradicciones propias de quien va entrando en la adolescencia. José, su padre, no olvida y se vuelca en ayudar a la ciencia. Está convencido que sin ciencia no tendría a Juancho a su lado. Ellos me prestaron sus recuerdos para que los contara, yo cambié sus nombres y modifiqué pequeños detalles para hacerlos aún más anónimos. Los científicos que menciono casi todos siguen en esta carrera de obstáculos que significa investigar. Mis doctorandos de antaño: Carlos, Vanesa y Alexandra, han seguido sus respectivos caminos. El primero ha desarrollado modelos animales excelentes para estudiar patologías infecciosas y de vez en cuando colabora conmigo en este y otros temas. Vanesa decidió irse a la industria privada y Alexandra, como ya dije, es investigadora en el Mount Sinaí de Nueva York. Antonio se independizó y creó un grupo propio dedicado al cáncer hematológico pediátrico, seguimos colaborando. Inmaculada busca marcas epigenéticas para facilitar los tratamientos en el cáncer de pulmón, ha unido sus fuerzas a Javier, el oncólogo, para así avanzar con pies sólidos. Con ella y su equipo estuvimos analizando la expresión génica de los Caballos de Troya, algo en lo que colaboró un colega alemán desde la Universidad de Marburg. Marta, mi amiga del CIEMAT, siempre se mostró escéptica con la teoría de la fusión, pero hoy ya sonríe cuando le muestro los datos. Con Cristóbal y Ramón, el otro oncólogo y el cirujano, seguimos trabajando, sus equipos nos proveen de las muestras y los datos clínicos de los pacientes para contrastar nuestros resultados en el laboratorio. Pero Ahmad no ha podido continuar en el laboratorio, tuvimos que cerrar su línea de investigación por falta de financiación. No obstante, mi grupo se mantiene al pie del cañón, yo dando la cara y Luiso guardando la retaguardia. Ambos buscando dinero debajo de las piedras para mantener los contratos, comprar los reactivos y algún pequeño equipo para seguir los proyectos… aunque esto no siempre es posible. Porque, aunque parezca increíble, la ciencia nunca ha sido ni es prioridad para la sociedad. ¿Qué piensas tú, lector?

Notas del lector